丛书编委会

（按姓氏拼音排序）

曹广忠　冯长春　龚咏喜　李贵才　梁进社　刘世定　吕传廷
邱泽奇　仝　德　王水雄　薛德升　周　劲　周雪光　朱荣远

本书得到北京大学未来城市实验室（深圳）、广东省普通高校人文社科重点研究基地超大城市空间治理现代化研究中心、深圳市人文社会科学重点研究基地北京大学深圳研究生院超大城市空间治理政策模拟社会实验中心建设经费资助。

空间规划的合约分析丛书

丛书主编 李贵才 刘世定

深圳市保障性住房供应研究

体系、模式和分配

RESEARCH ON THE SUPPLY OF
AFFORDABLE HOUSING IN SHENZHEN

SYSTEM, MODEL AND ALLOCATION

邱君丽 著

社会科学文献出版社
SOCIAL SCIENCES ACADEMIC PRESS (CHINA)

"空间规划的合约分析丛书"总序

摆在读者面前的这套丛书，是北京大学深圳研究生院的一个跨学科研究团队多年持续探索的成果。

2004年9月，我们——本丛书的两个主编——在北京大学深圳研究生院相识。一个是从事人文地理学和城市（乡）规划教学、研究并承担一些规划实务工作的教师（李贵才），另一个是从事经济社会学教学和研究的教师（刘世定）。我们分属不同的院系，没有院系工作安排上的交集。不过，在北京大学深圳研究生院，教师之间和师生之间自由的交流氛围、比较密集的互动，包括在咖啡厅、餐厅的非正式互动，却屡屡催生一些跨越学科的有趣想法以及合作意向。

使我们产生学术上深度交流的初始原因之一，是我们都非常重视实地调查。在对有诸多居民工作、生活的城市和乡村社会进行实地调查的过程中，作为空间规划研究者和社会学研究者，我们发现相互之间有许多可以交流的内容。我们了解到居民对生活环境（包括景观）的理解，观察到空间格局对他们行为和互动方式的影响，观察到空间格局变化中政府、企业力量的介入和政府、企业与居民间的互动，观察到这些互动中的摩擦和协调，等等。在交流这些了解到/观察到的现象的同时，我们也交流如何分析这些现象、从各自学科的视角看待这些现象的意义。

来自这两个学科的研究者间的交流产生了某种——有时是潜在的、默识中的——冲击力。注重实然分析和理论建构的社会学研究者常常习惯性地追问：空间规划研究领域拥有何种有社会意涵的分析性理论工具？对于注重形成可操作性方案的空间规划研究者来说，他们会习惯性地追问社会学研究者：你们对社会摩擦、冲突的描述和分析，能为建设一个更美好的社会提供怎样的潜在可行提示？

这种冲击力引起了双方各自的反思。参与交流的空间规划研究者意识到，迄今为止，空间规划学界中所谓的空间规划理论，虽然有一些具有实然性理论的特点，但更多的则是对应然性思想的论述。而借鉴其他学科的分析性理论、联系空间规划的实践，是可以也有必要推进空间规划的分析性基础理论发展的。参与交流的社会学研究者则意识到，要建构对社会建设更具提示性的理论，需要在社会互动和社会制度的关系方面进行多类型的、前提条件更明确的深入探讨。在中国当前的城市化及空间格局变化中，空间规划的实践提供了这方面研究的重要场域。

经过多年的交流、反思、探讨，我们二人逐渐明确、着手合作并引起一些研究生兴趣的研究主题之一是，从合约视角对空间规划特别是城市规划进行探讨。其间，李贵才约刘世定到北京大学深圳研究生院城市规划与设计学院讲授合约概念、合约理论的源流和现代合约分析的特点，和学生一起讨论如何将合约分析与空间规划结合起来。

虽然到目前为止，合约理论及合约分析方法主要是在空间规划之外的社会科学中发展的，但是从合约角度看待规划的思想，对空间规划学者来说，既不难理解，也不陌生。例如，芒福德在《城市发展史》中曾形象地描述："在城市合唱队中，规划师虽然可以高声独唱，但总不能取代全队其他合唱队员的角色，他们按照一个和谐的总乐谱，各自唱出自己的部分。"① 在这个比喻中就蕴含着规划的合约思想。

空间规划作为对空间建设行动的规制，属于制度范畴。当规划被确定为法规时，其制度特性更得到明显的体现。例如，1989 年 12 月 26 日，第七届全国人民代表大会常务委员会第十一次会议通过的《中华人民共和国城市规划法》第十条规定"任何单位和个人都有遵守城市规划的义务，并有权对违反城市规划的行为进行检举和控告"；第二十九条规定"城市规划区内的土地利用和各项建设必须符合城市规划，服从规划管理"；第三十条规定"城市规划区内的建设工程的选址和布局必须符合城市规划"；等等。在这里，城市规划的制度特性得到鲜明的体现。

对制度有不同的研究方法，合约分析方法是其中的一种。从合约角度看，制度是人们相互认可的互动规则。合约分析方法正是抓住行动者之间相互认可、同意这一特点进行互动和制度研究的。

从合约角度可以对空间规划概念做这样的界定：空间规划是规制人们进行空间设施（包括商场、住宅、工厂、道路、上下水道、管线、绿地、公园等）建设、改造的社会合约。这意味着在我们的研究视角中，空间规划既具有空间物质性，也具有社会性。

在我们看来，合约理论可以发展为空间规划的一个基础理论，合约可以发展出空间规划分析的一个工具箱。利用这个工具箱中的一些具体分析工具，如合约的完整性和不完整性、合约的完全性和不完全性、多阶段均衡、规划方式与社会互动特征的差别性匹配等，不仅可以对空间规划的性质和形态进行分析，而且可以针对空间规划的社会

---

① 刘易斯·芒福德：《城市发展史》，宋俊岭、倪文彦译，中国建筑工业出版社，2005，第 369 页。

性优化给出建设性提示。

从本丛书各部著作的研究中，读者可以看到对合约理论工具箱内的多种具体分析工具的运用。在这里，我们想提请注意的是合约的不完整性和不完全性概念。所谓完整合约，是指缔约各方对他们之间的互动方式形成了一致认可的状态；而不完整合约则意味着人们尚未对规则达成一致认可，互动中的摩擦和冲突尚未得到暂时的解决。所谓完全合约，是指缔约各方对于未来可能产生的复杂条件能够形成周延认知，并规定了各种条件下的行为准则的合约；而不完全合约是指未来的不确定性、缔约各方掌握的信息的有限性，导致合约中尚不能对未来可能出现的一些问题做出事先的规则界定。合约的不完全性，在交易成本经济学中已经有相当多的研究，而合约的不完整性，则是我们在规划考察中形成的概念，并在前几年的一篇合作论文中得到初步的表述。[①]

在中国的空间规划实践中，根据国家关于城乡建设的相关法律规定，法定城市（乡）规划包括城市（乡）总体规划和详细规划，其中对国有土地使用权出让、建设用地功能、开发强度最有约束力的是详细规划中的控制性规划（深圳称为"法定图则"），因而政府、企业及其他利益相关者对控制性规划的编制、实施、监督的博弈最为关注。在控制性规划实施过程中的调整及摩擦特别能体现出城市（乡）规划作为一类合约所具有的不完整性和不完全性。

在此有必要指出，空间规划的合约分析方法不同于在社会哲学中有着深远影响的合约主义。社会哲学中的合约主义是一种制度建构主张，持这种主张的人认为，按合约主义原则建构的制度是理想的，否

---

① 刘世定、李贵才：《城市规划中的合约分析方法》，《北京工业大学学报》（社会科学版）2019 年第 2 期。

则便是不好的。我们注意到，有一些空间规划工作者和研究者是秉持合约主义原则的。我们在这里要强调的是，合约主义是一种价值评判标准，它不是分析现实并有待检验的科学理论，也不是从事科学分析的方法。而我们试图发展的是运用合约分析方法的空间规划科学。当然，如果合约主义者从我们的分析中得到某种提示，并推动空间规划的社会性优化，我们会审慎地关注。

2019年，《中共中央 国务院关于建立国土空间规划体系并监督实施的若干意见》（中发〔2019〕18号）把在我国长期施行的城乡规划和土地利用规划统一为国土空间规划，建立了国土空间规划的"五级三类"体系："五级"是从纵向看，对应我国的行政管理体系，分五个层级，就是国家级、省级、市级、县级、乡镇级；"三类"是指规划的类型，分为总体规划、详细规划、相关的专项规划。本丛书在定名（"空间规划的合约分析丛书"）时，除了延续学术上对空间规划概念的传统外，也注意到规划实践中对这一用语的使用。

"空间规划的合约分析丛书"的出版，可以说是上述探讨过程中的一个节点。收入丛书中的8部著作，除了我们二人合著的理论导论性的著作外，其余7部都是青年学子将社会学、地理学及城市（乡）规划相结合的学术尝试成果。应该承认，这里的探讨从理论建构到经验分析都存在诸多不足。各部著作虽然都指向空间规划的合约分析，但不仅研究侧重点不同、具体分析工具不尽相同，甚至对一些关键概念的把握也可能存在差异。这正是探索性研究的特征。

要针对空间规划开展合约研究，一套丛书只是"沧海一粟"。空间规划层面仍有大量的现象、内容与问题亟待探讨。在我国城镇化进程中，制定和实施高质量空间规划是一项重要工作，推出这套丛书，是希望能起到"抛砖引玉"的作用。

就学科属性而言，这套丛书是社会学的还是空间规划学的，读者可以自行判断。就我们二人而言，我们希望它受到被学科分类规制定位从而分属不同学科的研究者的关注。

同时，我们也希望本丛书能受到关心法治建设者的关注。在我们的研究中，合约的概念是在比法律合约更宽泛的社会意义上使用的。也就是说，合约不仅是法律合约，而且包括当事人依据惯例、习俗等社会规范达成的承诺。不论是法律意义上的合约，还是社会意义上的合约，都有一个共同点，即行动者之间对他们的互动方式的相互认可、同意。空间规划的合约分析方法正是抓住行动者之间相互认可、同意这一特点，来对空间规划的制定、实施等过程进行分析。这种分析，对于把空间规划纳入法治轨道、理解作为法治基础的合约精神，将有一定的帮助。

这套丛书是北京大学未来城市实验室（深圳）、北京大学中国社会与发展研究中心（教育部人文社会科学重点研究基地）和北京大学深圳研究生院超大城市空间治理政策模拟社会实验中心（深圳市人文社会科学重点研究基地）合作完成的成果。在此，对除我们之外的各位作者富有才华的研究表示敬意，对协助我们完成丛书编纂组织和联络工作的同事表示谢意，也对社会科学文献出版社的编辑同人表示感谢。

李贵才　刘世定

序

 我国的住房市场化改革在培育房地产市场发展、促进城镇居民住房条件改善的同时，也带来了大城市房价飙升以及低收入群体住房可支付性不足等问题。为维护社会公平，在中央政府政策导向下，自2011年起，保障性住房建设成为各地方政府和城市发展建设的关键议题。以此为背景，学界对我国保障性住房供应的相关讨论也日渐增多。但是，综观国内外保障性住房供应的相关研究可发现，其主要集中在公共政策与公共管理、福利经济学、金融学和政治学等领域。作为空间学科，城乡规划学和地理学多关注保障性住房项目的区位选择以及大型保障性住房社区带来的社会空间效应，较少有研究从制度建构出发，从综合性、整合性视角理解保障性住房的供应过程及其空间结果。

 在行为主义、微观研究盛行的当下，国内外部分学者开始重申"结构分析"的重要性，认为对复杂细节的过分关注和追求会影响研究者的归纳和抽象能力，一定程度的概括、归纳和抽象往往是好的理论提出的基础。相关研究在综合了结构分析及其批评后，提出结构-过程范式，将结构置于具体的事件和历史发展过程中，关注结构的开放性和动态性，强调结构的"二重性"，即结构构成行动主体行动的背景，约束、激励或促发行动主体的行动策略，又受行动主体主观行动结果的影响。本书将结构定义为"行动主体在互动中形成的关系"，借鉴结构-过程范式，构建保障性住房供应的研究框架，并开展深圳市保障性住房供应的实证研究。研究内容包括深圳市保障性住房体系的发展演变及变迁的动力机制、深圳市保障性住房建设筹集的三种模式，以及深圳市保障性住房分配政策及实践。

需要指出的是，结构分析遵循社会学制度分析的范式，这与合约分析的关注点存在某种程度上的一致性。结构分析重点关注行动主体的行动策略、关系，以及背景因素对其产生的约束或激励效应。而在合约分析中，缔结合约的背景和制度因素、合约缔结过程以及合约中行动主体的互动策略和关系，是其分析的焦点。在本书中，保障性住房体系的研究，重点关注政策目标、供应规模和供应对象等方面，勾勒保障性住房体系的定位和角色，这是保障性住房供应的宏观层面制度建构。保障性住房建设筹集模式的研究，重点关注在"央地关系"等制度背景下，受新增用地制约等因素影响，深圳市不同类型的保障性住房供应模式中，政府、市场、社会等相关主体如何在博弈中互动，缔结合约，达成保障性住房建设筹集的目的。在此基础上，针对深圳市保障性住房供应中存在的强调效率的问题，以包容性和可持续性为原则，提出深圳市保障性住房供应发展的对策。

本书是邱君丽对攻读博士学位期间研究成果的总结，也是其在博士生导师刘玉亭教授指导下开展的国家自然科学基金课题"大城市保障房住区居住环境现状、问题及优化对策研究"（41271183）的部分研究成果。本书的实证研究对于厘清当前深圳市乃至我国保障性住房供应与发展中面临的问题具有重要意义，即在政府主导下，与掌握资金、存量土地等关键要素资源的市场和社会主体缔结合约，推动其积

极参与保障性住房供应，以助力城市高质量发展。本书的出版，对当
前保障性租赁住房供应实践，以及未来一段时间内我国保障性住房供
应的制度安排具有重要的参考价值。希望本书能为我国保障性住房向
兼顾效率与公平的可持续发展道路迈进提供启发和借鉴。

李贵才

目 录

绪　论

0.1　研究背景

0.1.1　住房市场化持续推进下的住房问题

自 1978 年改革开放以来，以市场化为导向的住房制度改革成效显著。在居住水平方面，城市居民人均住房面积由 1978 年的 6.7 平方米提高到 2018 年的 39 平方米（国家统计局，2019）。城镇住房套数从 3100 万套增加到 3.11 亿套，城镇住房的套户比从 1978 年的 0.8 增加到 1.09，城镇住房套均面积从 1978 年的 44.9 平方米增加到 2018 年的 89.6 平方米。在住房自有率方面，我国约七成的城镇居民居住在自有产权的住房中（任泽平，2019）。虽然我国住房市场化改革成效显著，但其引发的居住隔离、保障性住房供应缺位等问题，也同样引发学者的讨论（Wang and Murie，2000；Yi and Huang，2014；Gao，2010）。特别是在大城市，随着商品房价格的持续飙升，政府需要积极干预，通过保障性住房的建设和分配等方式，来缓解中低收入群体面临的住房困境，进而促进大城市可持续发展（Kuang and Li，2012；Huang，2012）。

0.1.2　地方政府承担保障性住房供应职责，凸显地方差异性

1994年分税制改革奠定了我国"央地关系"的基本格局，即地方政府承担诸多公共服务设施供应的职责，却仅有有限的财权。在保障性住房的发展和建设方面，也是如此。中央政府主要负责政策和规则的制定，设定原则性的发展目标和框架，而地方政府作为执行者，往往需要根据中央政府的要求制定本地区的保障性住房发展和建设规划，并自主筹集相应的人力、物力等资源，以实现保障性住房供应的目标。以国发〔1998〕23号文的发布为标志，我国确立起市场化导向的住房供给体系，以及以经济适用房和廉租房为主的保障性住房体系。但由于地方政府进行保障性住房建设的积极性不高，长期以来我国城市中保障性住房的有效供给不足。2007年，国务院发布《关于解决城市低收入家庭住房困难的若干意见》（国发〔2007〕24号），一方面，国家要求各地建立廉租房和经济适用房制度，为低收入的城市住房困难家庭提供保障性住房；另一方面，中央通过设立廉租住房专项资金等方式，开始对地方的保障性住房建设和发展提供有限资金支持。以此为起点，在中央政府的积极推动下，我国迎来保障性住房的快速发展期。根据"十二五"规划，五年内全国城镇计划供应保障性住房3600万套，大规模的保障性住房建设运动拉开序幕。

"十二五"期间，中央政府将保障性住房建设任务的完成情况纳入对地方政府的政绩考核体系，保障性住房供应成为地方政府的一项重要职责。不同的城市，由于城市发展阶段、土地资源禀赋以及政府的政策取向等方面的差异，各地政府对待保障性住房发展的态度、供应策略等方面也存在较大差异。在渐进性改革的背景下，资源配置的

机制逐渐由计划体制向市场体制过渡。在我国，由于改革初期"不均衡"的发展策略，如先发展沿海地区，采取"先富带后富"等方式，各地的发展模式和路径差异显著。在保障性住房的供应方面，各地由于资源禀赋和地方权力结构（表现为资源动员能力）、经济社会发展水平和城市发展阶段等方面的差异，保障性住房供应的策略和模式存在较大差异。如重庆以政府为主导，国企实施的"政府主导型"模式（Zhou and Ronald，2017b），而广州则由于市场经济发育较早，在保障性住房的供应方面，除了依赖政府直接供给外，市场和社会等力量的参与成为一个重要特征（Lin，2018）。自 2016 年起，中央政府不再严格考核各地保障性住房的供应总量，而是由各地根据各自需求自行制订保障性住房的供应计划，各地在保障性住房供应方面的差异性进一步凸显。

0.1.3　深圳市的保障性住房需求和供应存在独特性

深圳于 1979 年设市，1980 年成立经济特区，作为我国改革开放的前沿阵地和示范区，经历几十年的快速发展后，截至 2017 年，深圳市域土地面积为 1997.47 平方公里，年末常住人口为 1252.83 万人。年末地区生产总值（GDP）为 22438.39 亿元，排名全国第三。如果以 1979 年为基期年，深圳市 GDP 年均增长速度达到 22.4%（深圳市统计局、国家统计局深圳调查队，2018）。从一个小渔村到当今国际化的大都市，深圳的建设用地规模从不足 3 平方公里，扩张至 2016 年的 968 平方公里，增长了 300 多倍。但由于其起源、发展历程和制度机制的独特性，相比北上广三个一线城市，深圳的城市发展具有鲜明的特征（见表 0-1）。

（1）人口结构"倒挂"，即外来常住人口和本地户籍人口的比重反转。2017 年末，深圳市常住人口规模为 1252.83 万人。其中，本市

表 0-1　深圳与北上广人口、经济及城市建设用地情况对比（2018 年）

城市	2018 年末人口情况			2018 年 GDP 总量（亿元）	行政区域面积（平方公里）	城市建成区面积（平方公里）
	年末总人口规模（万人）	户籍人口（万人）	非户籍人口（万人）			
北京	2154.2	1389.6	764.6（35.49%）	30320	16410.54	1485（9.05%）
上海	2423.78	1447.57	976.21（40.28%）	32679	6340.5	1426（22.49%）
广州	1490.44	927.69	562.75（37.76%）	23000	7434.40	1294（17.41%）
深圳	1302.66	454.70	847.96（65.09%）	24691	1997.47	973（48.71%）

资料来源：根据北京市统计局、国家统计局北京调查总队（2019），上海市统计局、国家统计局上海调查总队（2019），广州市统计局、国家统计局广州调查队（2019），深圳市统计局、国家统计局深圳调查队（2019b），以及《中国建设年鉴》编委会（2021）整理。

户籍人口 434.72 万人，占比为 34.70%；非户籍常住人口 818.11 万人，占比为 65.30%。根据相关数据，早在 2004 年，深圳市户籍居民家庭的住房自有率已达到 93% 以上（陈霭贫，2017：49）。可以认为，在很大程度上，深圳市保障性住房供应的重点和难点在于解决非深圳户籍低收入居民家庭的住房困难问题。而这与我国其他城市政府往往将"本市户籍"作为保障性住房准入标准的做法存在一定的差异。

（2）城市发展的腹地面积小，但城市定位日益提升，对增量发展空间的需求更为迫切。深圳由宝安县发展而来，自建市以来，城市的总体规划历次修编，城市发展的目标定位也屡次变化。城市总体规划不断修编，深圳的城市级别和建设目标也一再提升（深圳市地方志编纂委员会，2005）。从最初的"出口特区"，即出口加工区，主要发展来料加工工业（深圳市地方志编纂委员会，2005），发展到当前的

"全球标杆城市"、"粤港澳大湾区的核心城市"以及"中国特色社会主义先行示范区"。不断提升的发展定位，要求有充分的城市增量空间与之匹配。从宝安县的县级规模发展成为超大城市，深圳市行政区域面积并没有相应扩大。

（3）新增可建设用地不足。2018年，深圳的城市建成区占全部行政区域面积的48.71%，意味着深圳市域范围将近一半的面积已经进行了开发，远高于北京的9.05%、上海的22.49%、广州的17.41%（见表0-1）。不仅生态环境保护和可持续发展迫在眉睫，而且新增建设用地消耗殆尽，城市继续增长的空间受限。根据《深圳市土地利用总体规划（2006—2020年）》，到2020年末，全市仅剩余约8平方公里的新增建设用地指标。

（4）存量住房结构的独特性。在住房发展方面，深圳也呈现不同于北上广的一些特征。首先，截至2015年底，深圳市存量住房总规模约为1030万套。其中，商品房约有180万套，占全部住房总量的比重约为17.5%。城中村住房约为500万套，占全部住房总量的比重约为48.5%（深圳市规土委，2017）。相关数据显示，2018年广州城市居民住房自有率为88.8%（张跃国、尹涛，2018）。与广州市等其他城市相比，深圳市的商品房自有率较低。其次，深圳的城中村住房占住房总量的比重较大。正是基于城市经济发展持续向好，城市定位再升级，但新增建设用地不足，住房供应用地紧张，商品房规模小等原因，2005年以后，深圳市住宅价格长期领跑北上广，全市商品住宅均价从2005年的7582元/米^2，增长到2007年14050元/米^2，2010年达到20850元/米^2，到2019年商品住宅成交均价为55250元/米^2，翻了几番（深圳市统计局、国家统计局深圳调查队，2020）。根据部分学者对北上广深四大城市的研究，商品住房价格的变化与城市人口的流入量息息相关。具体表现为，前者变化1%，城市人口净流入量将减少 0.42%（赵锋、樊正德，2019）。综上，可以发现，在保障性住房供应方面，深圳面临的难题和压力与其他城市存在较大差异。

0.1.4 社会科学研究中对"结构分析"重要性的重申

肇始于瑞士语言学家索绪尔在语言研究中使用的结构分析思路，结构主义作为一种思潮，兴起于 20 世纪 20 年代，于 60 年代发展达到"黄金时期"，后因行为主义研究思潮的兴起而被抛弃。与之相对应，作为一种方法或研究范式的结构分析，也因强调行动主体主观性、能动性的微观研究大行其道而式微。近年来，一个有趣的趋势出现在国内外学术界中，即面对不胜繁复的微观研究，学者纷纷显现出疲倦之态，部分学者开始重申结构分析的重要性。如 Healy（2017）认为，通过越来越微观细致的研究，寻找细微之处的差异，并不理所当然地是一项好的科学研究的评价标准。相反，对复杂细节的过分关注和追求往往会影响研究者的归纳和抽象能力，而一定程度的概括、归纳和抽象往往是好的理论提出的基础。在政治社会学领域，Easton（2016）指出，传统政治学研究长期忽视政治行为所嵌入的结构，进而导致政治社会学对东欧剧变、苏联解体等重大政治社会事件的预料和解释不足。因而，他将结构分析引入政治社会学领域，出版《政治结构分析》一书，重申结构对政治研究的重要性。

从 1949 年开始，我国的社会科学研究经历了快速发展。就关注行动主体的主观能动性、行为特征的微观研究而言，孙立平（2010）提出"过程-事件"的研究策略，来开展乡村社会生活中国家-农民关系的研究。他认为，在乡村社区，对于国家与农民的关系，从不同的维度或侧面，甚至可以得出相反的结论。一方面，乡村生活不像城市生活那样模式化、程式化；另一方面，国家与农民的关系也不像政策文本中所描述的那样简约。因而，要想真正揭示乡村生活的"隐

秘"，必须从对人们的行为观察入手。而人们的角色和关系，在具体
事件的推进过程中，反映得最为具体和确切。

与"过程-事件"分析强调行动主体的行为和策略不同，张静
（2006）提出"结构-制度"分析的路径，重视对"行为的社会规则"
的分析。她认为，基于对秩序的追求，人们总是尝试为自身的新行为
寻求"正当性"。而"规则"，则是这种正当性的体现。表征"行为
正当性"的规则，不仅具有强制性，也可以增强人们的安全感。由于
"结构-制度"分析视角的前提假设为"人的行为被其生存于其中的
正式或非正式的制度所激励、鼓励、引导和限定"，因而，"结构-制
度"分析视角更强调"过程"或"事件"所反映的社会关系，即社
会结构。该研究模式认为，"事件"是"各种制度、关系和结构复杂
作用的产物"。在这种设定下，相较于"行动"本身，制度具有更为
重要的作用和意义。

"过程-事件"分析和"结构-制度"分析作为两种研究路径，强
调的侧重点各不相同，但学者并不否认，两个研究框架的选择或使
用，只在于研究者所关心的问题不同（张静，2006）。两者并非不兼
容，也并不是割裂的或相互背离的，如"过程-事件"分析也很注重
过程或历史因素（谢立中，2010）。更进一步，吴晓林（2017）将结
构分析及其批评进行融合，提出新结构主义政治分析的结构-过程范
式，重申了在当时的背景下，结构分析的重要性及其发展的方向。

0.2　研究意义

0.2.1　理论意义

在理论方面，借用结构-过程范式，从结构分析的视角，以综合

性和整合性为目的，建构保障性住房供应的理论框架，具体关注保障性住房体系的建构、建设筹集模式和分配，着重分析结构的形成、发展演化及成效，揭示保障性住房体系建构中的央地关系、保障性住房建设筹集模式中的政府与市场关系，以及保障性住房分配中所反映的政府-社会关系。从主体关系及主体行动的制度背景、限制和激励因素等方面，来综合性把握、理解保障性住房供应的特征和规律。此外，宏观结构（央地关系）注重历时性分析，微观结构（建设筹集模式中的主要行动者关系）注重共时性分析，根据研究问题的不同，将历时性分析与共时性分析有机结合。从短期来看，宏观结构对微观结构的形成和发展影响较大。但是从长远的历史发展来看，微观结构面对现实所发生的变化等，对宏观结构产生影响。最后，将结构-过程范式应用于保障性住房供应的实证研究，丰富了结构分析在指导实证研究方面的应用，有利于该范式的进一步发展和完善。

0.2.2 实践意义

实践方面，深圳是我国改革开放的先锋城市，也常常被认为是我国市场化程度最高的城市，在制度和政策方面的做法和创新受到中央及全国的密切关注。深圳市保障性住房体系的建构、保障性住房的建设筹集模式和分配实践方面所进行的探索和政策制度创新，一方面，对于探索我国保障性住房供应新的可能性，并总结市场化改革进程中的央地关系以及政府与市场关系，具有重要意义；另一方面，深圳在保障性住房供应方面的实践和经验，也将对全国其他城市产生重要的启示作用。

0.3 相关概念界定与辨析

在社会科学研究中，概念一般指经由抽象化历程所获得的共同属性和符号，有日常生活的概念和社会科学研究的概念（专业术语或行话）两种区分。如果从界定的方式考虑，有真实的概念、约定性概念和操作性概念三种。真实（real）的概念，旨在概括事物的某些基本特征。约定性（nominal）概念，多指由某些群体（或团体等）共同约定而稳定下来的概念。操作性（operational）概念，因为概念往往是抽象的、主观的，研究中为了观测、衡量或测量某一种概念，而借用一些具体的指标对其进行描述（风笑天，2018）。在我国，保障性住房作为一个统称，可以被认为是由政府发起，得到社会普遍认可的一个约定性概念，主要指在政府干预下（政府直接或者引导其他主体）提供的、供应给特定对象的、价格低于市场水平的、具有保障性质的住房。但是在现实中，保障性住房的界定往往很模糊，这是因为：一方面，"具有保障性质的"涉及保障程度高低的问题，没有量化的指标衡量；另一方面，"具有保障性质的"涉及承接主体的问题，即"谁应该得到保障"。此外，在具体的实践中，由于不同历史时期的政策导向不同，以及不同地方在保障性住房政策实施方面的差异性，我国城市中实际存在的，或者曾经存在过的保障性住房种类颇多。本节通过梳理西方文献中对保障性住房概念的相关讨论，以及中国国家层面的政府文件中对保障性住房的界定，试图找出保障性住房概念界定的一些普遍标准或准则。

0.3.1 保障性住房相关概念

0.3.1.1 西方国家保障性住房概念

在西方国家，没有像中国"保障性住房"这样的统称概念。在不同的国家或地区，以及不同的历史时期，保障性住房是一个具有高度异质性的概念。自产生以来，西方国家的保障性住房在供应端、消费端、价值观念以及发展环境等方面都发生了巨大变化，保障性住房的具体概念也经历了变化（Kemeny，1995；Vale and Freemark，2012）。早期的公共住房（议会公房、市政住房）和社会住房，均从主要供应者的角度来界定。而可支付住房，则是从需求端，即住房在多大程度上可以被认为是可负担的，通过量化标准的设定来划定目标群体。这是因为，随着越来越多市场化的主体和手段（资金等）参与到保障性住房的供应中，传统上基于供应主体界定保障性住房的做法已经不再适用（Granath Hansson and Lundgren，2019）。正如社会建构主义的学者所言，一个概念的界定（或者某个政策，如一种保障性住房类型的推出），是基于对具体问题的界定，即现有的住房体系出了什么问题，从而需要什么样的保障性住房类型来帮助解决问题（Friedman and Rosen，2019）。

总体而言，在不同的国家或不同的背景下，保障性住房会有不同的概念界定。具体如何界定，则根据各地的经济社会发展情况、住房市场情况以及需要保障的对象群体等确定。在具体做法方面，可以从供应端、需求端或者两者结合的角度进行界定。就学术研究而言，基于研究问题或关注重点的差异，可以从不同的角度来进行界定。如西方学者界定保障性住房的标准从供应主体向目标群体的转变，跟西方国家保障性住房的发展从供应端向需求端的转变密切相关。

0.3.1.2 我国的保障性住房概念

计划经济时期，我国的住房以公有住房为主（称老旧公房），这些住房由国家（或单位）资助并建设后，根据工龄、身份（职位）、需求（家庭人口）等因素分配给单位职工。无就业单位的低收入群体（主要为"五保户"、贫困户等）数量较少，由地方政府统一提供公共住房。改革开放后，住房市场化成为改革开放的重要领域，传统的基于社会主义的公有住房体系逐步瓦解，代之以市场化的住房供应体系。而现在意义上的保障性住房体系也诞生于此过程中。虽然不少学者在探讨当前我国城市的保障性住房政策、制度变迁及保障性住房供应等议题时从计划经济时期的住房供应谈起（如 Zhou and Ronald，2017a），但本书重点关注市场化背景下的保障性住房供应，因此不再重点论述旧的公有住房体系及其运作机制，而是以此为出发点，开始本书的研究。

通过对相关政策文件的梳理可以发现（见表 0-2），国家层面对保障性住房、经济适用住房、廉租住房、公共租赁住房都给出了明确的概念界定。具体而言，保障性住房的定义主要通过三个方面来界定：建设标准（限定面积）、价格水平（限定价格）和目标群体。在这三个方面的基础上，进一步通过供应方面的特征，来具体界定不同的保障性住房类型。例如，廉租住房（廉租房）的供应主体为政府（中华人民共和国建设部，1999）。在经济适用住房方面，早期（1994年）并没有从供应方面去严格界定。直到 2004 年的官方文件，才增加"政府支持"的相关描述，即政府提供政策优惠。需要指出的是，在定义保障性住房的三个主要标准方面，目标群体和价格水平的确定，国家仅提供指引或原则（目标群体方面，如中低收入群体、新就业无房职工、新毕业大学生等；价格水平方面，如经济适用房"保本微利"的原则，不超过成本价 3% 等）。而建设标准的确定，在不同时期也呈现一些变化（如 1994 年国家没有明确的经济适用房建设标准，2004 年才有严格规定）。因而，地方层面的保障性住房定义，在国家给定的框架内，一般会根据各自情况进行一些调整和细化。

表 0-2　国家政策文件中关于保障性住房概念的界定

发布主体	发布时间	文件名称	概念界定	概念特征-界定方式
建设部	1994 年 12 月 15 日	《城镇经济适用住房建设管理办法》	经济适用住房是指以中低收入家庭住房困难户为供应对象，并按国家住宅建设标准（不含别墅、高级公寓、外销住宅）建设的普通住宅。中低收入家庭住房困难户认定的标准由地方人民政府确定	目标群体、建设标准
建设部	1999 年 4 月 22 日	《城镇廉租住房管理办法》	城镇廉租住房（廉租住房）是指政府和单位在住房领域实施社会保障职能，向具有城镇常住居民户口的最低收入家庭提供的租金相对低廉的普通住房。城镇最低收入家庭的认定标准由市、县人民政府制定	供应主体、目标群体
建设部、国家发展改革委、国土资源部、中国人民银行	2004 年 5 月 13 日	《经济适用住房管理办法》	经济适用住房，是指政府提供政策优惠，限定建设标准、供应对象和销售价格，具有保障性质的政策性商品住房	政府支持、建设标准、目标群体、价格水平、性质定位
住建部	2012 年 5 月 28 日	《公共租赁住房管理办法》	公共租赁住房指限定建设标准和租金水平，面向符合规定条件的城镇中等偏下收入住房困难家庭、新就业无房职工和在城镇稳定就业的外来务工人员出租的保障性住房	建设标准、价格水平、目标群体

发布主体	发布时间	文件名称	概念界定	概念特征-界定方式
国务院法制办公室	2014 年 3 月 28 日	《城镇住房保障条例（征求意见稿）》	保障性住房，是指纳入城镇住房保障规划和年度计划，限定面积标准、租售价格等，向符合条件的保障对象提供的住房	纳入年度计划、建设标准、价格水平、目标群体

0.3.2　保障性住房体系、模式和分配的概念界定

保障性住房体系、模式和分配是本书研究的主要内容。此处对三者的概念和关系进行界定和说明。要讲清楚保障性住房体系的概念，首先需要对住房体系（housing system）和住房体制（housing regime）的概念进行说明。"体制"（regime）和"体系"（system）的概念，最早由 Esping-Andersen（1990）在发展他的福利国家理论时提出，但他并未对其核心概念——"福利国家体系"和"福利国家体制"进行清晰界定。Kemeny（2006）认为，体制由不同的权力关系界定，是自变量。而体系是体制的结果，为因变量。在二者的关系方面，体制决定体系（Kemeny，2006；Stephens，2017a）。可以认为，保障性住房体系，是从保障性住房的绝对总量、在整个住房体系中的相对总量、所有权类型、供应的社会群体和范围、具体的供应对象等方面，来刻画或描述保障性住房运作的结果。

此外，保障性住房体系的建构，设定了保障性住房供应的基本目标和框架，决定了保障性住房在整个住房体系，以及社会经济中所扮演的角色和发挥的功能。而要实现保障性住房体系设定的目标，建设筹集和分配是关键。在本书中，"模式"主要指保障性住房建设筹集中，各行动主体基于互动所形成的关系结构；"分配"则关注保障性

住房的分配政策和具体实践。具体而言，在本书中，保障性住房体系主要关注政策和制度体系，而保障性住房的建设筹集模式和分配实践，重点关注保障性住房供应过程中不同主体间的互动，以及主体之间如何达成共识、缔结合约。建设筹集和分配，是保障性住房体系的重要支撑，三者以"总-分"的关系，构成一个整体，反映保障性住房供应从目标体系设定、建设筹集到分配的全过程。

0.3.3 "结构"相关概念辨析

结构主义在发展的鼎盛时期，几乎渗透了社会学、文学和艺术学等学科。本节简要概述结构主义及相关的结构、结构分析几个概念。

0.3.3.1 结构主义思潮

结构主义并不像历史上诸多显赫的思想流派那样有丰富的著书立说或者有明确的思想纲领。实际上，不同学科的学者，因为多以"结构"为旗帜，开展相应学科的研究，所以该思潮被称为"结构主义"，相应的思想家被称为"结构主义者"。索绪尔、弗洛伊德、马克思和列维-斯特劳斯，是结构主义发展史上比较有影响力的人物。索绪尔在语言学研究中提出"结构"的概念并发展了结构主义语言学。弗洛伊德在精神分析领域对心智的无意识结构和人格结构进行剖析。马克思着重分析资本主义经济的社会结构。列维-斯特劳斯的结构人类学关注神话结构和文化的结构（刘礼聪，2014）。概括而言，把一切事物都看成处在一定的系统和关系之中，可以认为是结构主义的核心思想，即要认识和理解一切事物的关键之处，在于将其置于整体的、系统的网络中。此外，事物是由不同的部分组成的，各组成部分之间的关系或规律，可以通过观察、认知和研究习得（王向峰，2018）。

因为传统结构主义存在的种种弊端和不足，以及其批评者对其开

展的猛烈抨击，结构主义曾经被数度摒弃。正如前文已指出的，结构
主义与其批评并非非此即彼、完全不兼容的。近年来，国内外学术界
在重申"结构分析"重要性的同时，也相应地更新了结构主义的内涵
和外延。如吴晓林（2020）以新马克思主义为基础，将结构主义及其
批评的相关内容有机结合，尝试建构"新结构主义政治分析模型"。
该模型的前置假设为，"社会由'社会性的个体'组成，行动主体与
结构均具有'二重性'"。结构分析的"三大命题和四大工具"，可
以认为是吴晓林（2020）"新结构主义政治分析模型"的具体化。

0.3.3.2 结构与结构分析

作为结构主义的核心概念，结构一词被广泛使用，但是各学科、
各领域对结构的概念，也是众说纷纭。大致可归纳出以下几种概念意
涵。①结构作为一种关系。布迪厄曾指出，"结构主义就是把关系思维
引入社会学"。在社会学领域，作为关系的结构，指行动者之间因为互
动而产生的相互联系。②结构作为规则/制度。如吉登斯认为，结构是
"社会系统再生产反复地牵涉到的制度和资源"。在行为主义的研究中，
也往往将结构视为规制或影响人们行为的制度、政策、背景和环境等
（吴晓林，2020）。关于制度与结构的关系，张静（2006）指出，制度
设定人们行为的规则。因而，制度也确定着人们互动的关系结构。

作为结构主义解释和认识世界的方法论，结构分析的重要性不言
而喻。吴晓林（2020）认为，"结构反映了人们看待问题的周全性与
系统性，意味着各类主体之间的关系"。他以此为基础，总结了结构
分析的三大命题和四大工具。具体而言，三大命题如下。①结构是由
不同类型的主体构成的，那么结构分析首先需要确定的是，行动主体
及相互之间关系的特征，如行动者是个体、组织还是群体性的，相互
关系是冲突的还是合作的。②结构的"历时性"和"共时性"问题。
结构分析应该是辩证的，即从历史的维度看，结构分析应梳理沉积的

历史要素，重点关注规律性问题。而聚焦当下或特定时点，结构分析应该能够回答偶然性问题，即新的结构分析，应该是辩证的，也是开放的。③结构的"连接性"，即结构的转换或延续问题。旧的结构如何发展变化，新的结构如何形成？背后的动因或驱动力如何？结构分析的四大工具如下。①结构分析的定位。根据研究问题和研究对象的不同层次，结构可以有不同的层级。Eastnn（2016）采用宏观与微观的二分法，将结构分为高阶结构和低阶结构。Eastnn（2016）认为，低阶结构指所涉及的行动者多为个体，而其相互之间的关系，贴近我们的日常生活和经验，低阶结构往往是可以直接观察到的。而高阶结构，涉及的行动者多为组织或机构，即集体行动者，且相关的事务范围往往在宏大的尺度上展开，如民主制度的结构，或政府组织之间的结构等。宏观结构往往不能直接观察到，需要推断得出。②行动者的确定。③行动的条件，包括行动可以动用的资源、权力等。④结构与现实的"中介"。此处所谓中介，可以理解为结构分析的"载体"。如"马克思将'阶级'作为生产关系和上层建筑的中介，哈贝马斯用'语言'作为交往行动的中介，吉登斯将'规则和资源'作为中介"。"行动条件只是为行动者的行为提供可能性，行动者面对不同情景采取的不同策略，会增加结构的可变性，要识别现实中存在的结构，必须找到'转化中介'。"（吴晓林，2020）

0.4　研究问题的提出

0.4.1　结构-过程范式

国家与社会关系，是政治社会学研究的经典话题。结构功能主义作为政治社会学的一个重要且关键的理论视角，强调结构是一种系统，该系统具有相对稳定性、规范性和持久性等特征。但由于结构功能主义的分析范式局限于提供"类型学概念"，而无法对各系统、各单元之间的互动作用提供解释，停留在"规范性"的层面，因而遭遇挑战。表现为三个方面：①结构均衡遭遇社会冲突论的挑战；②整体主义遭遇个体主义的挑战；③宏观主义遭遇微观方法的挑战。吴晓林（2017）认为，结构功能主义与其批评者之间并非非此即彼的零和博弈关系，而是存在弥合空间，并在此基础上建构起链接宏观与微观的"结构-过程"分析框架。①结构设定行动的框架。②过程链接行动与结构。"过程是沟通目的与手段、规范与解释、宏观与微观的中介。"为了更充分地理解结构的内涵和特质，研究者需要关注在具体行动中，一方面，行动主体如何发挥主动性；另一方面，结构如何影响行动。政策文本和规则条文无法给出结构的丰富内涵和注解。只有关注真实的事件过程，才能深刻理解结构的丰富内核。将行动与过程链接起来的分析，"既正视行动者的自主性、切入对具体行动过程的分析，又保持一定的抽象能力"，"在这中间，过程既联结个人自由意志偏好的发挥，使结构具有'使动性'，又联结行动者承载的生活体验、价值等结构要素，因而打破二元"。③过程与结构互赖。"将过程带入结构分析中来，是因为只有正视行动者这个能动性因素，个人自由意志才能与结构之间发生互动的函数。"（吴晓林，2017）行动的过程虽然受到结构因素的影响，但是反过来，行动主体也可以用行动来改变束缚其行动的结构因素。"系统环境一旦形成，就会作为一种特定模型与压力中心影响行动，行动主体由此选择在不同情境运用何种资源、运用何种方式的过程，进而影响或者接受结构的仲裁；行动过程的变化，不但限制理性选择理论和个体主义的有用性，还形成新的组织形式和结构，进而改变行动者的偏好选择。"因而，结构在具体的事件过程中来分析，才具有生命力；而过程也只有通过对其中的结构进行识别和挖掘，才更具有意义。

0.4.2 住房供应结构理论

住房供应结构理论（Structure of Housing Provision）最早由 Ball（1986，1998）提出，并在后续不断完善。"结构"（structure）指住房供应中参与主体所形成的"社会关系"（social relations）或"网络"（network）。Ball（1986）认为，以往基于马克思主义的城市研究者，如卡斯特尔的集体消费、大卫·哈维的资本循环理论等，往往将城市的物质空间环境当作他们分析社会过程的背景，因此导致对城市空间供应过程理解的片面化。而要准确地认识和理解城市过程，研究城市物质空间环境的供应应该成为重要的起点，进而将探究城市物质空间环境供应过程中的社会关系（或者他们所形成的网络关系），即结构，作为城市研究的重要切入点。

住房供应结构，一方面，关注住房供应过程中，不同的参与者由于经济维度的联系而形成的互动关系网络。在我国，早在 20 世纪 90年代即有学者借用住房供应结构理论，来分析以商品化为目标的住房改革给我国传统公有住房供应结构带来的变化（Wu，1996；Zhu，2000）。近年来，在关于我国保障性住房供应的研究中，结构逐渐成为学者理解中国保障性住房供应中政府与市场关系的一个重要分析框架（Chen，Yang，and Wang，2014；Zhou and Ronald，2017b）。另一方面，也关注特定的住房供应结构所赖以存在的制度、地方环境特征，强调环境的独特性。每一种住房供应结构（关系）都是内嵌于特定的社会经济环境中的，具有"独特性"。因此，要理解特定住房供应结构，其所存在的背景环境实则提供了解释，换句话说，住房供应结构的解释力，存在于地方特色的"环境偶然性"（context contingence）中。Ball 的住房供应结构理论关于地方环境在解释住房供应结构的形成及变迁方面的论述，在今天仍然具有很强的现实意义（Healey，1992）。

Healey 和 Barrett（2017）认为，那些致力于研究建成环境的开发过程的学者，多关注行动者的行动策略和利益出发点，以及行动者之间的互动关系，但是缺少对塑造这一结果的社会经济和制度环境的关联分析，即两者（参与者的行动策略和关系，与宏观的社会环境）之间的相互作用。马克思主义的一些经典概念，如哈维用资本循环理论为建成环境的生产提供了理论解释，即生产模式的变化（dynamics of the mode of production）如何驱使建成环境的变化，同时认识到建成环境变化过程的时间和空间差异性。虽然哈维认为行动主体通过资源以及资本流动的路径被绑定到结构关系中，但是这种宏观的结构与具体行动者的利益和行动策略之间的动态关系在哈维的理论中依然不够清晰。而这些具体过程中的行动者行为、策略和相互之间的谈判和互动，是真实的城市开发过程，是政策能够实现与否的关键。受吉登斯结构化理论的启发，Healey 和 Barrett（2017）指出建构结构（structure）与主体（agency/actor）之间的关系对认识城市开发过程，特别是土地和房地产开发具有重要意义。Healey（1992）进一步提出研究城市开发过程的制度分析模型，包含四个层次：①描述（明确）城市开发过程的事件和参与的主体；②明确不同主体的角色以及他们之间的关系；③对不同角色（主体）的利益和行动策略进行分析，以及塑造这些角色的资源、规则和观念；④明确这些资源、规则以及观念与宏观的社会环境之间的关系。

Ball（1986，1998）提出"住房供应结构"（Structure of Housing Provision，SHP）的概念，来强调这一过程中不同参与主体的互动所形成的关系网络。遗憾的是 Ball 并没有对如何分析这种关系给出更进一步的阐述。此外，Ball 这里的"结构"概念也具有模糊性。在初次使用这一概念时，Ball（1986）指出是因为没有更合适的词。有时候为了避免重复，会用 form 代替 structure。且认为有时候使用 housing provision modes（或 models of housing provision）更为合适，因为部分学者对结构这个词存在敌意。但是使用 mode 一词存在一个致命缺点，即与马克思主义的一个主要概念 mode of production 容易混淆。因为具体的住房供应结构可能涉及不同生产模式之间的相互关系，而这种混淆和模糊往往难以处理，因此最终使用"结构"一词。20 世纪 80 年代结构功能主义的复兴（吴晓林，2017）或许可以部分解释 80 年代末期和 90 年代西方住房和城市开发（建成环境作为结果）研究对"结构"的兴趣和痴迷。在住房和城市开发研究中的这股思潮，如果结合政治社会学领域关于结构-过程范式的讨论（吴晓林，2017），或许能够带来更多启发。

0.4.3 研究问题提出

住房市场化改革的深入推进，使我国大城市中的中低收入群体面临住房问题。以"十二五"期间计划建设 3600 万套保障性住房目标为导向，我国城市中开展了大规模的保障性住房建设运动。由于时间紧、任务重，国家层面的政策文件多次鼓励和引导市场、社会等主体参与到保障性住房的供应过程中，以缓解地方政府面临的短期资金、管理等压力。保障性住房供应已不再是由地方政府独自承担的事务，而是需要地方政府积极地引导、鼓励企业等市场主体的参与。国家层面的政策提议，落到地方层面，表现出实施效果的较大差异。已有关于我国保障性住房供应的研究结果，多强调地方政府在进行保障性住房供应方面的动力不足（郑思齐、张英杰，2013），以及地方政府采取各种"策略性"的方式（刘玉亭、邱君丽，2018b），对国家层面的保障性住房供应政策"选择性"地执行等。在地方政府与企业的关系方面，也多得出"政府主导"，企业参与积极性不够等结论（Lin，2018）。深圳被公认为是我国"市场化程度最高的城市"，在保障性住房供应中，通过对城市发展既有政策和制度的不断调整和修正，构建了多样化的保障性住房建设筹集渠道和模式，大范围激励、引导企业主体参与保障性住房的供应。一个值得探讨的问题在于，深圳基于其自身城市发展的特征，所构建的保障性住房建设筹集的制度模式，具体如何运作？效果如何？对这个问题的回答，不仅有助于对深圳实践进行思考和总结，也有助于在市场化改革深化的背景下，对我国保障性住房供应中的政府与市场关系给出一些新的注解。

　　而综观国内外保障性住房研究的相关文献，与住房研究相似，呈现典型的多学科混杂、交叉的现象。首先，保障性住房作为具有一定福利属性的住房，从事保障性住房政策和制度相关研究的学者，不仅来自传统的住房政策研究领域，如政治经济学、社会学等，也有很大一部分对福利供应和政府干预研究感兴趣的学者，如公共政策与公共管理、社会福利供给等。相应的研究主题包括（但不限于）某一国家或地区保障性住房政策体系的发展演变，某一类型保障性住房政策的背景、起源、发展演变及成效检验，某一国家或地区保障性住房体系的功能和角色定位，以及相应主题下跨国、跨地区的交叉研究。其次，政府与市场角色和关系的长期讨论和争议，也在国内外保障性住房供应的相关研究中得以充分显现。相关的研究主题侧重于讨论国家、政府或社会（如非营利住房机构）等，在变动的社会经济和政治背景下，在保障性住房供应中扮演的角色及变化情况。最后，住房所具有的空间属性，使来自空间科学的学者，如城市规划学等学科，也长期积极地关注保障性住房的规划建设、社会空间特征以及社区治理等。保障性住房供应相关研究的多学科交叉和混合特点，使在实证研究中引入"结构分析"的视角和思路，具有重要意义。吴晓林（2020）

提出的结构-过程范式，以及结构分析的"三大命题和四大工具"，为实证分析提供了现实基础。

本书着重分析以下研究问题：

（1）深圳市作为一个新兴城市，自1988年开启住房市场化改革以来，其保障性住房体系经历了怎样的发展演变过程，呈现怎样的特征？从结构分析的视角，如何理解深圳市保障性住房体系变迁过程中中央政府和地方政府的交互作用？

（2）从结构分析的视角，怎样理解深圳市保障性住房建设筹集的各种模式？不同模式的形成背景和机制呈现怎样的特征？

（3）深圳市保障性住房的分配政策和实践，呈现怎样的时间演化特征？如何从结构分析的视角，理解当前保障性住房分配政策演化的机制？

（4）基于兼顾效率和公平的角度，如何提出深圳市保障性住房体系的优化策略？

0.5　研究方案设计

0.5.1　研究目标

本书以深圳市的保障性住房体系、建设筹集模式和分配政策为研究对象，试图从综合的"结构分析"视角对深圳市保障性住房供应的机制进行解释，并进一步提出改进的建议和策略，具体有三个方面的研究目标。

（1）借鉴结构-过程范式，构建理解深圳市保障性住房供应过程的结构分析框架。在保障性住房制度体系发展演化方面，主要关注中央政府和地方政府作为主要行动者，如何建构深圳市保障性住房体系。在保障性住房建设筹集模式方面，主要关注不同建设筹集模式形成的背景、原因以及关键主体互动的机制。在保障性住房分配政策方面，主要关注保障性住房分配政策和实践的变化，以及分配政策与保障性住房体系目标的适配性问题。

（2）理解深圳市保障性住房供应中的政府与市场关系。我国大城市保障性住房供应是"政府主导"的治理实践，本书只探讨在保障性住房供应的不同环节，政府如何通过制度和政策创新以激活相应的资源，进而激发不同行动主体的积极性来参与保障性住房供应。

（3）在对深圳保障性住房供应的制度体系、建设筹集模式和分配政策研究的基础上，提出未来优化的策略和建议。

0.5.2　研究内容

本书由八章构成（见图0-1）。绪论主要介绍本书的研究背景、研究意义、相关概念界定与辨析、研究问题的提出以及研究方案设计等内容。第1章为相关研究进展，主要从国内外保障性住房体系研究、保障性住房供应的主体及角色关系研究、保障性住房分配模式研究等方面展开国内外相关理论和实证研究的综述，为后文实证研究奠定基础。第2章探讨我国保障性住房政策的发展演变，重点关注不同发展阶段以及住房市场化背景下保障性住房体系的发展演变特征及机制。第3章关注深圳市保障性住房体系的发展演变，并尝试从结构分析的视角，在我国央地政府关系背景下，解构中央政府和地方政府在建构深圳市保障性住房体系方面的作用。第4章聚焦深圳市保障性住房建设筹集的三种主要模式，以实证案例和访谈材料为基础，对每一种供应模式的发展演变历程、供应成效、当前主要特征以及未来发展潜力进行分析和讨论。第5章对深圳市保障性住房体系变化历程中的保障性住房分配政策及实践特征进行梳理和分析。第6章为深圳市保

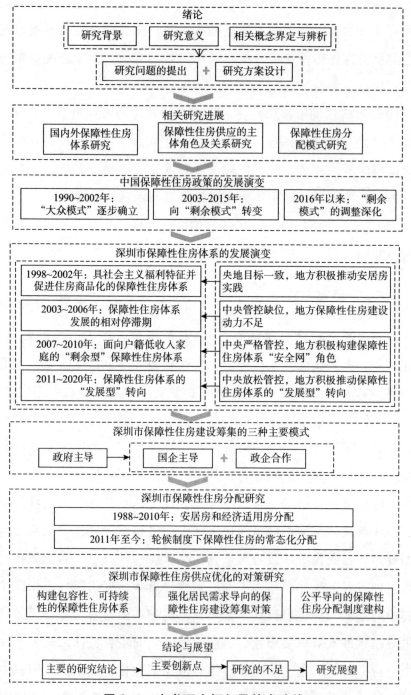

图 0-1　本书研究框架及技术路线

障性住房供应优化的对策研究。基于前文对深圳市保障性住房供应的研究，结合对保障性住房住户的问卷调查，从包容性和可持续性角度出发，提出深圳市保障性住房供应未来的发展对策和建议。第7章为结论与展望。在归纳本书主要的研究结论和主要创新点的基础上，提出本书研究的不足，以及未来需要进一步研究的方向。

0.5.3 研究数据

本书所用数据种类较为繁多。根据数据类型的不同，分为图纸数据、文本数据和统计数据。根据数据来源的不同，分为官方数据、实地调查数据，以及网络平台等二手数据。官方数据，指官方发布的各种纸质、网络和出版物等信息资料。政策文件是最主要的一类官方文件，本书所使用的政策文件包括国家层面各部委机构针对保障性住房发展的相关政策、规定、条例和法规，主要在政府相关职能部门官网上获取，时间较久的国家部委政策文件在北大法律信息网通过关键词检索获得。深圳市层面的相关政策文件主要在政府相关职能部门官网上获取。统计年鉴也是本书使用较多的官方数据，包括不同年份《中国统计年鉴》、《深圳统计年鉴》和《深圳房地产年鉴》等。官方出版物包括官方发布的相关规划和出版的书籍等资料。相关规划包括各类住房建设规划、住房建设和发展五年规划、住房建设年度计划，以及《深圳市城市更新"十三五"规划》《深圳市城中村（旧村）综合整治总体规划（2019—2025）》等。书籍主要指相关机构或部门出版的一些有关深圳市改革开放、城市开发以及住房发展的书籍或地方志，通过在深圳市图书馆地方文献库查找获得，包括《李灏深圳特区讲话集》、《深圳市城市规划志》、深圳市政府相关部门出版的《深圳房改全记录（1988~2005）》、《深圳房改全记录（2006~2015）》等。实地调查数据包括访谈和问卷调查数据两种。其中，访谈以半结构式访谈为主，采取熟人介绍或滚雪球的方式新增访谈对象，每次访谈的时间在30~90分钟。问卷调查以网络发放电子问卷和实地入户访谈相结合的方式，调查的目的在于，从住户体验和满意度的角度，部分地反映深圳市保障性住房供应过程中存在的不足，为提出深圳市保障性住房供应的未来发展对策提供部分支撑。

0.5.4 研究方法

定量研究方法"侧重客观现实的度量，研究人员基于理论概念或统计模型提出假设，进一步将相关概念转译成可以测量的指标，通过收集到的数据进行统计分析，对理论或假设进行检验，来判断研究结果是否支持假设，以得出结论"。相比定量研究中，严格数理模型的过程封闭性、程序和范式的固定性，质性研究方法则兼具"科学性"和"灵活性"。所谓科学性，指"研究人员需要浸润在资料中，遵循严格的分析步骤，具有严谨性和程式性"。而"灵活性"，指质性研究往往需要根据实地调研和材料，对研究问题和方向进行不断的调整和修正。常用的质性研究方法包括但不限于民族志研究、口述史研究、扎根理论、文本分析等诸多方法。此外，以诠释性为主，站在"被研究对象"的角度来"解读"所要研究的现象、过程和事件，是质性研究的一个主要特征（陈向明，2009）。

本书以质性研究方法为主，定量研究方法为辅。具体采用文本分析和案例研究等方法。文本是一种信息结构体，由"符号或符码"组成。具体而言，语音、文字、影像等都是文本的呈现方式。文本由特定主体制作，相应地，其价值和立场，甚至利益诉求等，也包含在文本信息中。而文本分析的目的在于，解析文本所体现的各种深层次价值、立场、利益等意涵。就具体操作方法而言，质性文本解读，主要依靠研究者的经验和所要研究的问题来开展文本内容的解读工作；定量文本分析，主要采取关键词分析、高频词统计分析等，对文本的内容特征和趋势进行解读。在本书中，由于收集到的文本材料类型和结构多样、内容复杂，因而采取传统的质性解读。如针对收集到的住房和保障性住房政策文本、住房和保障性住房五年规划和年度规划文本，以及深圳市住房和城市发展志等历史材料，文本分析是一种主要的分析和归纳方法。在本书中，对各访谈对象进行半结构式访谈，得到的访谈资料，也是一种重要的文本材料，以结构分析的框架为引领，采取质性解读的方式进行解析、转译和处理。

案例研究，作为社会科学应用广泛的研究方法之一，从案例的数量来看，可以分为单案例研究和多案例研究。从研究目的来看，可以分为探索性案例研究、描述性案例研究和解释性案例研究（殷，2024）。根据研究需要，本书采取多案例研究的方法。主要有两部分的内容采取案例研究的方式：①针对深圳市存在的几种主要的保障性住房建设筹集模式，每一种模式选择一个实证案例，以结构分析的框架为指导，以解释性案例研究为主要目的；②为了探讨保障性住房分配的不同类型，针对每一种分配方式，选取保障性住房分配的案例信息，进行深入的分析和总结。

第 1 章

相关研究进展

本章针对保障性住房供应不同环节，包括保障性住房体系、保障性住房的建设筹集和分配等方面，就国内外相关理论与文献研究的进展情况进行详细的综述和述评，为后文实证研究奠定基础。

1.1　国内外保障性住房体系研究综述

1.1.1　住房与福利国家关系的相关研究

住房与福利国家关系的研究，存在两种观点（Malpass，2008）。第一种观点，注重在传统福利国家（由教育、医疗、社会保险等公共服务组成）的概念设定下，关注公共住房在福利国家体系中所扮演的角色。相关研究通过对比公共住房与教育、医疗等其他福利事项在资助程度、准入标准、服务范围等方面的差异，来检视公共住房在福利国家体系中所扮演的角色。代表性的研究源于 Torgersen（1987）提出的"住房作为福利国家倾斜的支柱"的隐喻。Torgersen（1987）提出该观点的原因在于，与其他国家主导供给的福利事项相比，住房是去商品化程度最低、市场参与度最高的领域。Harole（1995）关于社会住房体系大众模式和剩余模式的理论也与该观点一致。Malpass（2003）通过对英国住房政策和规划的研究发现，二战后的大规模市政公房建设仅仅是前一阶段住房建设的延续。福利国家并不是一个事先设定好的有目的的行动计划或目标，而是事后学者对这一时期的公共卫生、教育、医疗、住房等实践进行的理论化总结与概括。此外，他认为许多学者仅仅用这一时期大规模建设市政公房的数量来说明英国的住房是福利国家的组成部分，证据不充分。Malpass（2003）进一步的分析表明，这些大规模建设的市政公房仅是数量方面的紧急需求，并没有相关的文件和改革事项来推动住房体系向国家化的方向发展。因而，他认为，公共住房作为福利国家倾斜的支柱，是资本主义国家（英国）市场意识根深蒂固的结果，并不是撒切尔私有化后才出现的结果。

第二种观点，关注自有产权住房与福利国家的关系，即基石论。不同于 Torgersen（1987）和 Harole（1995），Kemeny（2001）认为，正是因为住房的商品化程度在地理和时间维度都不均衡，才使其应该成为福利国家研究的一个重要关切点。Kemeny（2005）关注住房产权自有对福利国家发展的影响，认为高福利国家一般住房拥有率较低，如瑞典等。而"剩余"（residual）模式的福利国家，则拥有较高的住房拥有率，如美国、澳大利亚等。基于此，Kemeny 认为在房屋所有权占主导的社会，一方面，居民买房多发生在生命周期的早期，买房的高昂花费使家庭缩减生命周期早期除住房外的其他开销，这些家庭倾向于抵制增加税收的政策（这些税收往往用来支付公共住房），因此这些国家倾向于形成住房保障的剩余模型（residual model）；另一方面，居民在生命周期的早期买房，这使他们将收入在整个生命历程中进行再次分配，故老年阶段以住房养老，减少政府养老等公共福利投入。因此，Kemeny 认为自有产权住房在新福利国家体系中扮演着"基石"的角色。Kemeny 的这一观点强调住房对普通公民消费和收入的影响。如早期花费巨资买房，晚年则将住房获得收益用于支付养老金等晚年医疗和生活保障费用，起到一定程度的"再分配"和"保障"作用。

总体而言，不管是认为公共住房在福利国家中作为"倾斜的支柱"，还是自有产权住房对福利国家发展（福利开支）的"基石"作用，已有研究都密切关注住房的"（去）商品化"性质。前者关注去商品化程度较高的公共住房，后者关注完全商品化的自有产权住房。需要指出的是，自有产权住房影响国家福利支出的机制，是其资本密集属性。但是，在市场环境下，资本流动和分布的不均衡性、宏观经济的不确定性等因素，都使自有住房难以长期作为福利国家的"基石"（Malpass，2008）。

1.1.2 保障性住房体系类型与福利国家类型的理论研究

西方学者对保障性住房体系的类型，及其与福利国家类型之间的关系，开展了大量探讨。这些研究以 Esping-Andersen（1990）关于福利国家的研究为基础，试图梳理出不同福利国家类型下，相应的保障性住房体系呈现怎样的特征。最具代表性的研究为 Harole（1995）和 Kemeny（1995）开展的研究。以福利国家的类型为起点，福利国家的变化和发展趋势也相应影响到学者对保障性住房体系类型和发展趋势的判断。大体而言，Harole（1995）遵循福利国家消亡论，即自20世纪70年代起，传统的福利国家正在解体，在新自由主义思潮影响下，福利被压缩到非常狭窄的领域，面向非常贫穷的小部分群体，因而出现"剩余化""污名化"等特征。基于福利国家的这种变化趋势，Harole（1995）认为，西方国家社会住房体系的发展也呈现相似的特征。虽然在不同国家，在历史上的不同时期，社会住房曾经占据住房体系的主导地位，Harole 称其为"大众模式"，但是随着市场化的持续推进，各国各地的保障性住房体系，大多会呈现"剩余化"的特征，即"剩余模式"，只是程度和呈现方式不同。与 Harole（1995）强调趋同性的结论不同，Kemeny（1995）认为，自由市场并不能决定所有国家的福利和社会住房体系都朝着同一个方向发展。相反，政府政策在福利建构和社会住房体系的发展中扮演着重要角色。加之不同国家和地区之间的文化差异，社会住房体系呈现多元化特征。具体而言，市场自由主义福利国家（liberal welfare state）的社会住房确实如 Harole（1995）所言，呈现剩余化特征，Kemeny（1995）称其为二元化租赁体系（dualist rental system），即政府严格控制社会租赁住房的发展，使其仅仅面向非常小的一部分社会最低收入群体，因而不能与私人租赁市场进行竞争，社会租赁和市场租赁呈现二元化特征。但是法团主义国家（corporatist welfare state）的社会住房体系，则是一体化的租赁体系（unitary rental system），即政府在社会租赁体系发展的早期，积极支持其发展，待其发展成熟后，逐渐能够与私人租赁体系竞争，进而影响、引领甚至主导私人租赁体系的发展，形成"一体化租赁体系"。

Harole（1995）的剩余模式和大众模式理论，以及 Kemeny（1995）的二元化租赁体系和一体化租赁体系，深刻影响着后续的国际住房研究走向（Stephens，2017a）。这些理论来源于对特定国家公共住房或社会住房发展历史及规律的总结，根植于相应国家或地区的政治制度、历史文化环境和相应阶段的经济社会发展情况。如 Kemeny（1995）关于社会住房体系发展的两种类型，即二元化租赁体系和一体化租赁体系的理论思考，基于瑞典和澳大利亚的社会住房发展经验。而 Harole

（1995）关于大众模式和剩余模式的理论，则是基于美国、英国、法国、德国等六国的经验。总体而言，Harole（1995）和 Kemeny（1995）的理论代表了西方学术界关于社会住房体系发展的两种基本趋势：趋同和分异。两个流派对住房的本质、影响保障性住房发展的主导因素以及保障性住房未来的发展趋势等，都存在不同的解读和判断。

1.1.2.1 "趋同"视角下的公共住房体系研究

（1）西方国家公共住房体系的历史发展：从"大众"到"剩余"

趋同学派的学者，主要基于经济自由主义等立场，关注在全球化、新自由主义、私有化等宏观结构性因素影响下，不同国家的公共住房体系所呈现的一些共性特征。这一流派的学者有两个特征：①共享关于住房的基本价值观，即从资本主义经济发展的视角强调"住房的本质是资本主义社会的商品""住房自有代表着住房发展的现代化形式"；②存在共同的研究惯习，如强调从更长远的历史视角去审视住房体系的发展和变迁，以避免过于聚焦某一个历史阶段而放大其影响或重要性（Harole，1995；Malpass and Murie，1999）。自二战后建立起福利国家，到 20 世纪 70 年代撒切尔政府的市场化改革，英国的政治体制在几十年内经历反转，也使其社会住房体系的发展有了较大的转变。而英国社会住房领域发展的经验，为趋同学派的学者提供了触手可及的实证材料。他们提出"剩余化""现代化"等理论概念来解释 1970 年以来英国保障性住房领域的发展变化。

剩余化：面对 20 世纪 70 年代英国住房保障体系的巨变[①]，Murie（1977）基于福利国家变迁的相关研究，指出基于"购买权"的出售或将最终导致一个"'剩余的''福利的'市政公房体系的出现"。此后，关于市政公房"剩余化"的谈论，充斥着 20 世纪 80 年代英国的

---

① 主要指引入购买权（the Right to Buy），出售旧市政公房。

住房研究，如 English（1982）、Forrest 和 Murie（1983）、Malpass（1983）等人的研究。在此基础上，Harole（1995）将住房定义为资本主义社会中具有营利性质的商品，更进一步推进了关于住房剩余化的讨论。Harole 认为，本质上而言，住房应该由私人住房市场供应，而政府供应的去商品化的住房，只能是特定时期特定历史条件下的产物。通过梳理欧美六个国家社会租赁住房的发展历程，Harole 提出政府供应社会住房的两种模式，即"大众模式"（mass model）和"剩余模式"（residual model）。^① 他认为，"大众模式"只是受宏观社会经济影响、私人市场运转失灵无法向公众供应大量住房的时候出现的，而"剩余模式"则是资本主义社会中政府供应社会住房的常态模式。Harole 基于欧美六个国家的实践，认为自 20 世纪 70 年代以来，"剩余模式"是世界范围内社会住房供应的常态模式。此后，随着新自由主义的全球化蔓延，以及世界范围内政府与市场关系的调整，社会住房供应"剩余化"的讨论蔓延到其他国家或地区，如荷兰（Meusen and Kempen，1995）、中国香港（Valenca，2015）等。总体而言，Harole 关于"大众模式"和"剩余模式"的理论探讨，能够较好地捕捉不同历史阶段英国社会住房的角色特征，及其与宏观社会经济环境的关系。

　　现代化：早在 20 世纪 90 年代，Malpass 和 Murie（1999）即用"现代化"的概念来解释整个 20 世纪英国住房市场的变迁（见表 1-1）。他们将住房自有看作资本主义住房市场的现代化形式。在 20 世纪初，英国住房市场以私人房东提供的租赁住房为主。而到了 20 世

---

① 除大众模式和剩余模式外，Harole 还指出了社会住房供应的第三种模式，即工人联合模式（workers' cooperative model）。但他认为这种模式只是国家和市场作为主体的供应体系未建立之前、无法向大众提供合适和充分住房的情况下才出现的。自 20 世纪 40 年代起，这一模式就被收编进国家主导的住房供应体系中。因此在他的研究中并没有给这种模式过多的关注。

纪末，住房自有已经成为英国住房市场的主要形式。因此，从 20 世纪初的私人租赁住房到 20 世纪末的住房自有市场，被认为是住房市场发展的现代化过程。而在这个过程中，政府资助的住房（公共住房/社会住房）则起到促进这一转型的作用。因此，虽然政府资助的社会住房在二战后大规模兴起，但当全社会住房自有率提高了以后，其不可避免地衰落。因此，可以认为，Murie 和 Malpass 通过解释整个 20 世纪英国住房体系的变迁，间接证实了英国的社会住房注定"剩余化"的观点。

但在后来的研究中，Malpass 等人对"剩余化"，或者说"剩余模式"的观点进行了反思。他们认为，虽然提供了解释英国社会住房变迁的视角，但这一理论概念更注重从"消费端"（供应对象的多寡）或者说从社会住房供应的"结果"（贫困集中、社区污名化等）来解释变迁历程。而事实上，英国社会住房的变迁，涉及更为全面的、全方位的转变。因此，他们用"现代化"来解释这一变迁现象和过程。Malpass 将英国社会住房的发展分为两种模式，即二战后的公共住房模式和 20 世纪 70 年代后的社会住房模式，并将英国社会住房从前者向后者的变迁过程，称为英国社会住房的"现代化"。他认为，"现代化"相较于"剩余化"，更为中性，更能够客观全面地探讨这一转变过程（Malpass and Victory，2010）。

此外，不仅英国，美国二战后大规模建设公共住房，到 20 世纪 70 年代后期公共住房的没落和拆除，以及 20 世纪 90 年代以来，社会住房在荷兰和德国面临的挑战，都不同程度地支持全球范围内，保障性住房发展"剩余化"的观点（Harole，1995）。

表 1-1　1914~1996 年英格兰和威尔士三种住房所有权形式的变迁

单位：%

区域	年份	自有产权住房	地方政府出租住房	私人房东出租住房	住房机构出租住房
英格兰和威尔士	1914	10	较少可忽略	90	
	1951	31	17	52	
	1971	52	29	19	
	1996	67.8	17.5	10.2	4.5

资料来源：Malpass and Murie，1999。

（2）"供应端"视角下对"剩余化"模式的讨论：定性分析

虽然对德国、荷兰和瑞典等国家社会住房体系发展的"剩余化"程度存在分歧，但是 Harole（1995）和 Kemeny（1995）均认可，以美国、澳大利亚等国家为代表的自由市场主义国家，社会住房体系呈现明显的"剩余化"特征。西方学者对保障性住房"剩余化"的研究，最早始于学者对英国市政公房私有化的讨论。在存量方面，通过购买权将地方政府拥有的市政公房折价出售给房客或转移给非营利住房机构，以实现供应主体的转移。在增量方面，通过新的政策设计促使社会住房机构去私人资本市场筹集资金和土地，用以增加非营利住房供应；而中央政府的租金补贴则由"补砖头"转向"补人头"（Malpass and Murie，1999；Stephens，Elsinga，and Knorr-Siedow，2008）。在这种背景下，相较于"市政公房的出售"，市政公房的新增建设变得非常缓慢，且其供应对象也被限制为低收入群体，进而呈现"剩余化"特征（Forrest and Murie，1983）。相关研究指出，"剩余化"是一个过程，其中社会住房的角色被限定为最基本的"安全网"，为那些无法从市场上获得合法住所的低收入群体、失业人员、老年人、单亲家庭以及残障人士等弱势群体提供住房，从而导致低收入群体的集聚（Malpass，1983）。

在前人研究的基础上，Michael Harole 基于欧美六个国家的实践，系统研究了 19 世纪末期以来其社会住房的发展历程，提出了社会住房发展的"大众模式"和"剩余模式"理论，主要关注以下方面。首先是供应的规模，"大众模式"下社会住房占整个住房总量比重较大，而"剩余模式"下，这一占比较小，如英国，在 1979 年超过 31%，但是到 2006 年仅有 18.5%（Malpass，2008）。其次是供应的对象，"大众模式"下的社会住房供应覆盖相对广泛的低收入和中等收入者，而"剩余模式"下，社会住房分配严格按照收入和需求标准，供应给最低收入家庭（Forrest and Murie，1983）。最后是供应的主体，"大众模式"下，地方政府是直接供应者，而在"剩余模式"下，主要供应者则是非营利住房机构或私人开发商，地方政府主要承担监管职能（Malpass and Murie，1999）。此外，在土地和资金支持方面，"大众模式"下，社会住房建设的资金由中央政府直接补贴，土地由地方政府供应，而在"剩余模式"下，其建设的资金和土地都需要非营利住房机构去私人资本和土地市场筹集，来自中央的少量补贴直接面向低收入家庭（Malpass，2008）。其研究指出，在一战后的较短时期以及二战后的较长时期，欧美的社会住房发展选择了"大众模式"，而在 20 世纪 30 年代以及 70 年代中期以后，则推行了"剩余模式"。总体而言，社会住房供应的"剩余模式"始终伴随在福利资本主义的体系中，即"剩余模式"是资本主义国家经济运行"正常"时期社会住房供应的常态，而"大众模式"只是在"非正常"时期才被运用。也就是说，"剩余化"作为一种过程或结果，其产生的原因可以是多方面的：政府有意识的政策制定、福利制度的调整，以及宏观社会环境的变化等（Pearce and Vine，2014）。

（3）"需求端"视角下"剩余化"相关讨论：量化讨论

"剩余化"从其本质上而言，可以看作社会住房在整个住房体系中所扮演的角色逐渐"边缘化"的过程（Pearce and Vine，2014）。这一语境下，社会住房"剩余化"所导致的社会空间结果成为学界关注的焦点，该主题主要涉及低收入群体的集中和社会住房的污名化（Meusen and Kempen，1995），以及 20 世纪 70 年代中后期以来西方国家普遍开展的大规模社会住房集中社区的再开发与更新（Burrows，1999）。相比"供应端"视角对"剩余化"主题的定性分析，关于"剩余化"结果或效应的研究，多从定量的角度来展开，试图从数据变化的视角展现其过程（Pearce and Vine，2014）。作为一种结果的"剩余化"，与居民特征相关的指标，是较为容易获得且较容易反映剩余化程度的（Pearce and Vine，2014）。因此，常用的一些量化指标包括：居民的就业水平、收入水平（与全社会平均值的对比）（Hills，2007）、社会住房的总量及质量情况（要么是较差的建设质量，要么是年久失修等，Maclennan and Clapham，1983）。Schutjens 等（2002）通过对荷兰社会住房中居民社会结构变化的研究，指出荷兰社会住房发展的"剩余化"特征。此外，"剩余化"过程也可以被看作居民感知到的污名化和社会隔离程度增加。从一般意义上而言，任何一种住房所有权类型都会出现不同程度的"剩余化"，而不仅仅是社会住房领域所独有的现象。只是在社会住房领域，"剩余化"的特征及其影响得到了集中的表达和呈现（Pearce and Vine，2014）。

1.1.2.2　"分异"视角下两种社会租赁住房体系

在新自由主义观念影响下，保障性住房（社会住房/公共住房）"趋同"研究的理论视角，虽然一度主导住房研究的方向，但也遭到了批判和挑战。Kemeny（1995）是这一挑战的发起者，且其相关成果呈现持续影响力。Kemeny（1995）认为，新自由主义市场形态下的"剩余"福利模式（包括公共住房供应）之所以成为部分学者研究的发展趋势，一方面，与二战后美国作为世界霸主，其所代表的崇尚自由市场的文化和意识形态，以及这些文化和意识形态在欧洲大陆的传播密切相关；另一方面，这些学者的研究都过分关注宏观层面的资本和市场等结构性因素对住房体系形成（住房政策发展）的决定性影响，却忽略了政府决策在住房政策的发展过程中所能起到的作用。

基于这种批判，Kemeny（1995）指出，存在以瑞典、荷兰、德国等国家为代表，与新自由主义市场形态下的"剩余"住房体系完全不同的，另外一种"社会市场"（social market model）形态下的"统一的"（unitary rental system）租赁住房体系（见表1-2）。相较于来自美国的自由市场主义思潮，Kemeny（1995）认为，在欧洲大陆，德国对周边国家的文化影响力也不容忽视。社会市场（social market）的理念起源于德国，且其在德国的发展取得了一定成效，逐渐转移到周边的荷兰、瑞典等国家。社会市场意在避免凯恩斯主义和新自由主义两个极端，旨在探索出一条"中间道路"（第三条道路）。"社会市场"与"新自由主义"市场的不同之处在于，其不仅考虑经济效益，也注重社会效益，即在制定政策时，同时注重经济收益和社会需求。此外，需要指出的是，在进行这两种理论类型划分的时候，Kemeny对公共租赁和私人租赁做了区分。公共租赁主要指由不同层级的政府（中央政府、地方政府或其他性质的公共/半公共机构）供应的租赁住房。私人租赁是指私人房东以利益为导向的租赁住房供给。Kemeny认为，社会住房（社会租赁）是一个相对模糊的概念，只是为了标明某种基于"社会目的"而供应的住房，且在该概念下，公共和私人主体的区分变得不是那么有意义。因而，Kemeny放弃使用社会租赁，而引入"成本租赁"作为他的理论分类基础，成本租赁指"租金只涵盖存量住房实际发生成本的出租房屋，而不关心其供应主体是谁"。

与之相对应的是"利润租赁"（profit renting），指"基于房屋的当前资本价值，努力寻求租金最大化以获取收益，且基本上租金不受监管"。Kemeny（1995）也清楚地意识到，成本租赁和利润租赁有时候可能不能清晰地区分开来，但他坚持这样做的目的在于将租赁住房研究关注的重点从供应主体身上转移开来，而关注这一领域的运作机制等方面。

此外，Kemeny（1995）的"二元体系"和"统一体系"虽然重点在于租赁住房体系（成本租赁和利润租赁）的发展，但也可以认为该理论是拓展到整个住房体系的，因为在不同的租赁体系下，政府政策影响两者（成本和利润）发展的方向不同，从而影响到自有产权型住房，即对整个住房体系产生影响。因而其将自有住房也纳入分析的范围。

表 1-2　Kemeny（1995）两种社会租赁住房体系的对比

项目	剩余型	一体化型
界定标准	政府控制公共租赁领域，抑制其发展，仅使其发挥"安全网"的功能，避免其与私人租赁领域和住房自有领域的竞争。因为公共领域的准入是严格审核的、面向低收入群体，因而易出现贫困集聚等问题，从而使公共租赁和私人租赁成为两个差异巨大的租赁领域	政府支持成本租赁领域的发展，并在成本租赁领域发展的早期阶段控制私人租赁领域的租金。成本租赁领域发育成熟后即可与私人租赁领域进行竞争，进而消弭二者的差异（在价格、供给质量等方面），从而形成统一的租赁市场（无歧视、污名化等）
政府干预的策略	控制策略：类似于计划经济时期，控制公共租赁领域的发展。仅在最需要（弥补市场供给不足等）的时候扶持其发展	市场策略：政府根据成本租赁领域的存量住房发展特征，采取积极/长期持续的政策来促使其发育成熟，直到能够与私人租赁领域竞争（成熟化过程），并能够影响、引领甚至主导私人租赁领域的发展（租金设定等）（Kemeny，Kersloot，and Thalmann，2005）

续表

项目	剩余型	一体化型
住房体系（对自有产权住房影响）	政府严控公共租赁领域，导致其问题化和污名化，同时降低了其吸引力。但是私人租赁领域租期保障难、价高、量有时候无法保证等，从而迫使多数居民转而选择自有产权住房。因而在二元租房体系的国家中，自有产权住房的比例往往较高	成本租赁（价格、质量、规模等）能够与私人租赁竞争，使两者之间的差异缩小，并对广大居民形成较大的吸引力。且政府的政策"中性"，不会打压成本租赁而鼓励自有产权住房。因而自有产权住房在"统一体系"中的比重往往不高

资料来源：根据 Kemeny（1995）整理。

不同于 Harole（1995）侧重于从时间维度对社会住房体系的发展进行历史的分析，Kemeny（1995）侧重于从不同地理区域的文化和空间差异，来分析不同国家/区域独特的文化、历史和制度形态对保障性住房体系发展的影响。此外，Kemeny（1995）强调政府行为的主观能动性，即政府通过政策制定等主动干预方式，对一体化租赁体系发展的塑造作用。受埃斯平－安德森（Esping-Andersen，1990）关于福利国家形成原因的观点影响，为了理解不同类型租赁住房体系的形成和发展，即工人阶级运动以及不同的政党联盟是福利国家形成的重要因素，Kemeny（2006）从权力结构的视角，通过对政党以及住房市场主要参与者的角色解读，来解释两种住房体系形成的原因。

1.1.3 西方国家保障性住房体系研究的新进展：区域差异

1.1.3.1 保障性住房体系类型与福利国家类型之间的脆弱关联

虽然以 Harole（1995）和 Kemeny（1995）为代表的住房研究学者，长期试图将住房体系类型与福利国家类型之间的关系理论化，建立起相对严谨的对应关系，但是这种在理论类型上寻求保障性住房体系类型与福利国家类型精准对应的研究，近年来遭遇越来越多的挑战。这一方面是因为在埃斯平-安德森（Esping-Andersen，1990）关于福利国家类型的讨论中，并未将住房纳入其中；另一方面，还在于近年来市场化和私有化在各国的持续深入发展，导致各国的社会住房体系都出现非常大的变化，进而使早期研究者对保障性住房体系所做的理论分类，很难再适应或解释新的现象。近年来的相关研究，逐渐摒弃将保障性住房体系类型与福利国家类型严格对应的做法，而是通过借鉴吸收福利国家研究中的关键要素，寻求对住房体系形成和发展的理解和解释。

如 Lennartz（2011）认为，Kemeny（2006）提出的法团主义国家类型以及一体化租赁体系的三种子类型，太过刻意，仅仅为了寻求关系，也并未能够经受住时间的检验。Lennartz（2011）假设，不同福利国家类型中，社会住房私有化的发展和路径，也会反映相应的权力结构，并通过对德国、瑞典和荷兰社会住房近年来的"私有化"现象进行分析，关注社会住房房东、私人房东以及租客团体三个住房租赁体系的利益相关方。Lennartz（2011）发现，相比二战后的社会住房大规模发展时期，在当前各国纷纷缩减福利开支的情况下，各国实施的除缩减福利开支外的其他私有化策略，具有严重的路径依赖，进而导致了三个主体，即社会住房房东、私人房东和租客团体的关系结构呈现更进一步的差异性，而 Kemeny（2006）所解释的租赁体系与福利国家关系的研究，忽略了这种差异。近来的研究倡导，放弃保障性住房体系类型与福利国家类型之间严格对应的相关研究，在寻求保障性住房体系类型研究之前，应该对保障性住房体系进行更多基于地方背景和环境、针对各个环节和方面、相对细致的探讨和比较研究（Stephens，2017b；Lennartz，2011）。

1.1.3.2 福利地方化与保障性住房体系的区域差异性

20世纪70年代以来，随着国际环境的变化，以及福利地方化的发展，保障性住房供应的事务和相关决策更多地转移到地方层面。为回应这一变化，近年来的相关研究也逐渐倡导，不再以国家为保障性住房体系研究的基本单元，转而关注地方层面的住房体系类型发掘并试图建立新的解释框架（Stephens，2017a；Hoekstra，2020）。

在西方，国家力量的弱化，导致福利供给的地方差异性。在此背景下，民族国家管理全国经济发展的能力在某种程度上被全球化削弱，如货币政策受到流动资本的影响，且其逐渐成为在全国层面甚至超国家层面（欧盟）相对独立的中央银行的责任。财政政策受到更灵活的税收政策的影响。劳动力市场流动性的增强增加了劳动力分化，使社会保障体系更难运作。Hoekstra（2020）甚至将国家力量的弱化称为"国家的空心化"。需要指出的是，行政区域在多大程度上能够形塑社会政策，也受到地方所具有的法律的、行政的或者财政的权力影响（Stephens，2017b）。

Stephens（2017b）采用住房体制（housing regime）的理论框架，在2010年以来英国中央政府财政紧缩的背景下，通过审视各地（英格兰、苏格兰、威尔士）在社会租赁住房政策方面的差异性，来检验是否在区域层面出现了保障性住房体系的亚类型。根据该研究，在分权以前，英国的社会住房发展实行全国统一的框架，由于新增建设减少、存量持续减少以及日渐面向"穷人"分配，到1990年底，社会住房体系为"剩余模式"，承担"安全网"的功能。在权力下放方面，各行政区域的政府（英格兰、苏格兰、威尔士和北爱尔兰）都在社会住房政策的关键领域拥有立法权，但在住房补贴方面的权限较为有限。它们的预算在很大程度上来自英国政府，但是随着所得税的相关权力更大程度地下放给苏格兰和威尔士，这些情况正在发生变化。

这些行政区域的政府对"更广泛的福利制度"几乎没有控制权，因为就业法和社会保障基本上保留在国家层面，限制了行政区域政府在形塑社会住房体系方面的"可能的边界"。但是 2010 年以后，中左翼政府在苏格兰和威尔士执政，而在英国（国家层面），中右翼政府则把"财政紧缩"和公共服务领域的激进改革放在首位（Stephens，2017b）。

通过分析，Stephens（2017b）认为英国正在摆脱单一的社会住房体系而逐渐呈现多样性特征，其反映出在财政紧缩的背景下政党政治的分歧越来越大。这种差异的部分原因是，英国的激进主义在国家层面正在使社会住房体系由"安全网"转向（短期）"紧急救助"式服务，而在威尔士和北爱尔兰，安全网模式得以保留，苏格兰则通过扩大无家可归者的住房权、取消购买权、减轻"卧室税"和承诺建设更多社会住房来强化"安全网"角色。但是行政区域的政府也很难重构或建立起一个"社会租赁市场"模式，因为英国的福利国家体系仍然以一个整体来运作，劳动力市场的制度、社会保障仍然由国家层面来决定。因此，在目前的权力框架下，各行政区域的社会住房体系只是子类型，而不是新的住房体系类型（Stephens，2017b）。

1.1.4　关于我国保障性住房体系与实践的相关讨论

1.1.4.1　我国住房制度改革中关于社会公平议题的讨论

国际学者对我国住房制度改革的起源、过程、背景及遇到的困难（如 Shaw，1997；Tong and Hays，1996）进行了探讨。学者普遍认为中国早期的住房商品化改革取得了显著的成效，但也面临一些问题和挑战（Shaw，1997；Tong and Hays，1996）。

关于我国住房制度改革的成效及影响。虽然学者认为，从经济和物质角度而言，中国的住房市场化改革成效显著，如中国蓬勃发展的房地产市场是经济增长的重要支撑、城镇居民住房自有率的提升以及相应的社会资产总额的增加、城镇居民住房条件的改善（人均居住面积增加，住房设施、条件显著改善）等，但是从社会层面来看，我国住房市场化改革过程中，相对忽视了弱势群体的住房需求，未能缓解计划经济时期的住房分配不公平问题，甚至在一定程度上加剧了居住隔离等（Lee，2000；Wang and Murie，2000）。Wang 和 Murie（2000）认为，由于住房改革（出售旧公房）主要在单位内进行，住房制度改革给不同群体带来不同的影响。例如，单位领导、管理人员以及专业技术人员等获益较多，而普通工人获益较少。Logan、Fang 和 Zhang（2010）的研究进一步支持了这一观点。更进一步，Wang（2000）将我国城市中的低收入群体分为两类——城市户籍的低收入家庭和非城市户籍（外来务工人员）的低收入家庭，并指出在住房市场化的大背景下，虽然城市户籍低收入家庭的住房困难问题在一定程度上得到了关注和解决，但是当时非城市户籍低收入家庭的住房问题仍缺乏正式制度支持。

1.1.4.2 我国大规模保障性住房供应实践：保障性住房体系定位与制度建构相关讨论

从住房改革的历程和轨迹来看，我国显然选择了坚定不移地推进住房市场化。而国际学者一直关注的住房市场化改革过程中对社会维度的忽视、对低收入群体住房需求的忽视问题，直到 2007 年以后，我国城市大规模地推进保障性住房建设，才开始得到一定程度的缓解。对于过去十多年我国城市中大规模推进的保障性住房建设热潮，国际学者更多的是通过梳理、对比等，将其置于全球化的背景下来理解。在保障性住房的供应实践方面，学者普遍对这一轮保障性住房建设热潮持怀疑和批判的态度。相关研究多从两个方面展开讨论。

关于我国保障性住房供应体系的讨论方面，Wang 和 Murie（2011）

以北京市为例，对我国自 1998 年以来的保障性住房（经济适用房和廉租房）发展历程进行了回顾分析，认为保障性住房供应的具体运作在地方层面，而地方政府往往追求经济增长，在保障性住房建设方面的动力不足。Huang（2012）认为，保障性住房供应的实际成效主要取决于地方政府，央地财政分权以及地方政府以经济发展为导向，致使地方政府对保障性住房建设的投入不够。Hu 和 Qian（2017）通过对 2009~2013 年全国所有地级市保障性住房用地供应的面板数据进行分析，发现保障性住房用地供应量大的城市，住房的可支付性却相对不高。此外，该研究发现，那些更依靠土地财政的城市更不容易将土地用于保障性住房建设。

关于我国保障性住房体系的功能和角色定位讨论方面，Wang 和 Murie（2011）指出，国际比较住房研究越来越倾向于在"市场化"和"剩余化"的语境下来讨论住房问题。中国政府一直在住房供应中发挥重要作用。中国的住房改革是宏观经济改革的一部分，这使中国的住房政策在某些方面与其他亚洲国家较为相似，却不同于欧洲国家围绕公民身份进行的住房改革。此外，中国正在经历的快速城镇化，使不同的人群对不同所有权类型的住房有着差异化的需求，住房政策以及住房供应的体系对这些变动的社会经济环境及特征做出反应。这些特征使将中国住房研究置于既有的住房和福利体系类型中变得不再适合。

中国的保障性住房供应体系也与其他东亚国家具有某些方面的相似性，其中土地公有制起着关键作用。政府通过对土地的控制促进保障性住房建设，成为保障性住房建设的主要财政支持。这种做法侧重于实体补贴，而不是需求方面的补贴。然而，获得负担得起的社会住房取决于经济和人口状况，这使中低收入家庭受益，而且转售也有限制。基于以上几个方面的分析，Wang 和 Murie（2011）认为，中国的保障性住房是一个混合体系：在这个体系中，市场发挥主导作用，但是市场受国家计划和所有制度遗留的影响并与其一起运作；在这个体系中，政府仍然很重要并重新尝试提供市场以外其他可能的住房选择；这个体系被宏观的经济和社会变迁过程以及城镇化进程不断塑造。

Chen、Yang 和 Wang（2014）认为，世界各个国家的政府往往会在不同的阶段，针对"类似的问题"，采取相似的策略。正如二战后的西方国家一样，中国当前处在快速城镇化的进程中，城市中的社会（人口结构）和经济方面发生了巨大变化。而以往经济增长导向的发展使城市中的低收入群体面临住房问题。2007 年以后中国的大规模保障性住房供应正处于这样的大环境下。此外，Chen、Yang 和 Wang（2014）指出，中国近年来大规模的保障性住房供应也受到意识形态转变的影响，即经济增长作为中国政府的第一追求已经部分让位于社会发展。2006 年提出的"和谐社会"，意味着社会政策不再从属于经济政策。基于此，Chen、Yang 和 Wang（2014）认为，中国近年来大规模的保障性住房供应，可被看作从"生产型福利"向"发展型福利"的转变。马秀莲、范翻（2020）基于 40 个城市公租房准入标准的研究，认为中国的住房模式，面向本地户籍人口具有"大众模式"的特征，面向外来人口则呈现"剩余模式"的特征。从住房与福利体系类型的关系视角来看，Zhou 和 Ronald（2017a）认为，中国的公共住房体系所扮演的角色一直在变化，总体上呈现混合性特征，且具有阶段性：①1978 年之前，具有保守主义特征的社会主义公共住房体系；②1978～1997 年，逐渐转向社会主义市场经济下（剩余化）的住房体系；③1998～2008 年，具有生产主义特征的社会主义市场经济下的住房体系；④2008 年至今，仍处于激烈争论及转型中的住房体系。

1.2 保障性住房供应的主体角色及关系研究综述

1.2.1 西方保障性住房供应中的政府、市场与社会主体

1.2.1.1 不同历史时期供应主体的变化及特征

在西方发达国家社会经济发展的不同阶段，保障性住房供应的主体呈现明显的差异性，国内外学者对此已有广泛讨论。大体上，二战后的30年，在凯恩斯主义影响下，西方福利国家体系确立并蓬勃发展，政府在社会经济事务中扮演重要角色。在保障性住房供应方面，国家资助、地方政府（或其所属的公共住房开发公司）直接负责社会住房供应。20世纪70年代起，新自由主义思潮蔓延，福利国家解体，政府逐渐从公共事务中退出，市场和社会领域的行动者开始更多地参与到公共品的供应中，并占主导地位。在保障性住房供应方面，国家削减对公共住房的资助，地方政府的角色由"直接供应者"转变为"推动者"，即通过规划或土地政策，激励开发商在商品住房开发时配建一定比例的可支付住房，供应给中低收入家庭（Calavita and Mallach，2010）。来自市场和社会的主体（以房地产开发商和非营利住房机构为代表）成为社会住房供应的重要力量（Goetz，1995）。但是实践证明，私人部门并未能很有效或者很愿意参与其中（Blessing，2016）。因而，传统上政府内部"科层制"的运作机制，以及市场内部基于"竞争"的运作机制，均无法满足来自政府、市场和社会的行动主体间的协调合作，基于"网络"式的协调治理模式则成为保障性住房供应中新的合作伙伴关系类型（Morrison，2018）。

1.2.1.2 政府作为保障性住房供应主体

在美国，不同层级的政府在公共住房供应中所扮演的角色，以及

相应的历史变化，是学者关注的重点。在美国传统的公共住房供应中，联邦政府与地方政府是一种"委托－代理"的关系，即联邦政府负责公共住房的政策制定、资金、规划等，而地方政府是具体的实施机构，扮演"代理"角色。在"联邦时代"的公共住房供应中，州政府扮演的角色有限。而自20世纪70年代起，联邦政府削减公共服务开支，逐渐弱化其在公共住房供应中的角色，由传统的主导者转变为单纯的政策制定者，公共住房的职责逐渐向下级政府转移。在这种"后联邦时代"，州政府逐渐成立州一级负责住房事务的机构，承担起地方（区域）可支付住房供应的统筹（协调）、政策和规划制定等职责（Brassil，2010）。在"后联邦时代"，州政府在地方公共住房供应中的重要性得到普遍认可（Nolon，1989；Basolo，1999；Basolo and Scally，2008）。Nolon（1989）和Basolo（1999）的研究均认为，虽然城市政府确实为增加可支付住房的供应做出了不少努力，采取了不少策略，但是州政府在协调区域内的城市政府关系以及在不同方面对城市政府给予帮助上十分必要。此外，不同城市在增加可支付住房支出方面的努力呈现差异性。这一方面与联邦政府少量的资金支持、州政府的资金支持和法律要求有关（Basolo，1999），另一方面与地方利益团体（非营利住房机构、以社区为代表的对可支付住房有需求的团体）的诉求和影响力有关（Goetz，1995）。但是，城市政府由于收入来源有限，因而很难独自开展长期可持续的可支付住房供应（Basolo，1999）。总体而言，相关研究普遍意识到地方政府（州/市）在可支付住房供应方面的行为受到政府内部关系（层级结构、制度安排、资金资助等内部因素）和地方自主性、其他相关利益团体（非营利机构、社区团体）等外部因素的共同作用（Basolo and Scally，2008）。

在具体的政策执行层面，面对新的环境，地方政府住房机构的职责和角色的变化也引起学者的广泛讨论。传统上（自 1949 年起），地方公共住房机构根据州或地方的特别立法设立，使用美国住房和城市发展部（U. S. Department of Housing and Urban Development，HUD）担保的长期免税贷款进行公共住房的建设和管理。由于各地的立法不同，也有一些公共住房机构享有发行债券来进行住房建设的权力。到 1980 年，全美约 3400 个公共住房机构拥有并管理约 130 万套住宅，为约 300 万的低收入群体提供住房。但是自 20 世纪 80 年代起，随着联邦政策的变化以及联邦政府资金的不确定性，公共住房机构需要完成越来越复杂、多样化有时候甚至是相互冲突的任务（Kleit and Page，2008）。在现实中，由于越来越需要依托私人市场的力量（资金等）来实现公共使命，不同地方、不同区域和发展背景下的公共住房机构呈现不同的发展路径（发展重点取向），大致可概括为以下几种。①努力维持机构生存。这种策略把机构生存放在首位，而能否生存取决于依靠后续资源和不依赖 HUD 的资金来建造住房的能力。但过于强调机构生存往往就意味着要卖掉既有的公共住房。②注重可支付住房建设，住房机构的定位为可支付住房开发商。这一策略往往需要首先为具有一定支付能力的居民（50% AMI）提供住房，即 workforce housing。然后将这些住房资产作为资源（资金来源），来为最低收入家庭提供住房。虽然这种方式可以增加可支付住房的总量，但是实践中往往使最低收入家庭失去住房。③通过新建住房或发放住房券，来扩大面向最低收入家庭的可支付住房供应。这一策略将住房机构的公共使命放在首位。④通过为居民提供社会服务等来缓解贫困。这一角色定位使公共住房机构逐渐告别过去以住房建设和维护为主的角色，转移到关注公共住房居民的福祉。公共使命占重要地位。⑤公共住房机构与其他政府机构整合，这为可支付住房的开发提供更多资金方面的灵活性，有助于公共住房机构完成公共使命。而这种多样性也表明，虽然公共住房机构接受 HUD 的金融支持和监管，但是公共住房机构的委员会由地方任命、州的立法等对住房机构在私人市场上的行动更具有约束性和影响力。可以发现，自 20 世纪 70 年代以来，美国越来越多的可支付住房由市场和社会力量提供。这些由私人力量提供的可支付住房（如 LIHTC），往往较难满足最低收入家庭的需求。但同时，美国不会再出现由国家提供大规模公共住房的情况，因而公共住房机构传统的住房建设和管理的角色逐渐消退。随着政府支持（立法和资金等）的减弱，公共住房机构在激烈的市场竞争中面临的情况不容乐观，这也预示着最低收入家庭的住房状况难以得到保障（Kleit and Page，2015）。

1.2.1.3 市场作为保障性住房供应主体

在西方，来自市场的主体参与可支付住房供应已经成为一种普遍现象。一方面，来自私人部门的资金成为可支付住房供应的重要组成部分。但是私人资金不会自动流入可支付住房供应领域，往往需要国家通过激励等手段来实现。此外，私人资金支持可支付住房供应，往往有时间限制，常在约定年限（10~35 年）内是可支付的，期满后这些可支付住房就转变为商品性质的住房。另一方面，通过标准化和产业化降低成本，私人市场主体往往比政府部门或一些住房合作社能够更有效率地推进可支付住房供应的过程（Van Bortel et al.，2019）。不可否认的是，私人市场主体等多方面行动者的加入，使市场概念（竞争、效率）、市场化的合作机制（各种类型的合作伙伴关系）等成为理解公共住房供应过程的基本概念工具（Rhodes and Mullins，2009）。Haffer 等（2010）认为，私人机构参与社会住房供应过程的优势在于，在社会住房供应的整个过程或某一个环节中，通过合同等方式，可以引入竞争、提高供应的效率以及缩减成本等。

基于私人机构参与可支付住房供应中所扮演的不同角色，Haffer

等（2010）识别出四种模式。①供应过程的某些环节或任务外包的公共主体供给模式。在这种模式中，公共主体（政府或政府专门成立的一些非营利机构）主导社会住房供应且拥有社会住房的所有权，只是在供应过程中的某些环节，如资金筹集、房屋维修等，通过合同外包的方式，引入私人主体参与。如英国议会公房。②有公共资助和限定条件的私人开发模式。在这种模式下，私人主体与公共机构（政府）签订合同，接受政府的资金资助，但同时接受限定条件。如英国的国家可支付住房计划，私人主体与住房和社区发展部（Housing and Community Agency）签订合同，接受资金资助的同时，按照合同约定完成要求数量的可支付住房建设。而且在资助的可获得性方面，私人主体需要与社会房东进行竞争才有可能获得资助。在德国，地方政府与私人房东签订合同，通过补贴利率的贷款，来提供低于市场租金标准的住房。具体的租金确定由私人房东和地方政府协商。因而，在德国，私人房东拥有社会住房的所有权，且需要对房屋的维护等方面负责。③交叉补贴的私人主体模式。这种一般与土地使用许可关联。私人开发商在获得土地使用权进行商品住房开发时，与政府部门（规划机构）签订合同，按照合同要求建造一定数量的社会住房。这种模式运行的基本原理为，土地升值收益的一部分用作公共利益。以英国的Section106为例。开发商可以在商品住房项目里建设社会住房，也可以经过许可在其他地方进行建设，或者缴纳一定金额的钱，用于社会住房建设。④国家代理机构模式。该模式一般由国家代理机构，如比利时弗兰德地区的社会租赁部，与私人房东签订合同。通过给予私人房东一定量的补贴，促使其将相应的住房供应给符合条件的社会住房申请者。

已有关于私人主体参与可支付住房供应的研究，在以下两个方面达成共识（Mukhija，2004；Bratt，2018）：①市场主体参与可支付住房供应，涉及政策的规制以及与其他主体的互动、市场环境的变化等，具有不确定性；②政府支持，是市场主体参与可支付住房供应必不可少的条件。部分学者认为，市场主体参与可支付住房供应研究的焦点不再是应不应该参与，而是如何参与，如何通过制度和政策的设计，实现预期的目标（Mukhija，2004）。以包容性区划为例，虽然有强制性和自愿性之分，但多数的实践表明，强制性的项目在配建保障性住房的总量、住房的可支付性等方面，都要优于自愿性项目。自愿性项目更多的是依靠奖励、补贴以及有行动力的政府职员来推动实施（Brunick，Goldberg，and Levine，2004）。

1.2.1.4 非营利住房机构作为保障性住房供应主体

非营利住房机构在西方国家的保障性住房体系中发挥重要作用。在荷兰，非营利住房机构在国家的支持下于二战后开始发展，到20世纪90年代初期，非营利住房机构的住房占全社会住房总量的44%（Boelhouwer，2007）。在英国，虽然二战后大规模的市政公房由地方政府供应，但是自20世纪70年代起，存量转移（stock transfer）以及国家支持，都使非营利住房机构发挥日益重要的作用（Malpass，1999）。在美国，联邦政府对公共住房的直接支持减弱后，各种私人的和非营利住房机构开始越来越多地参与到可支付住房的供应中（Goetz，1995）。非营利住房机构拥有约70%的可支付住房，达500万套。而在这些非营利住房机构中，以社区发展公司为主要代表，其约有200万套住房（Bratt，Rosenthal，and Wiener，2018）。

虽然在不同国家，非营利住房机构发展的历史进程和路径不尽相同，但是它们均在保障性住房的发展中发挥了关键作用。此外，在新自由主义的背景下，以及国家财政支持减弱的倾向下，各地的非营利住房机构的变化也呈现一些共同的特征（Boelhouwer，2007；Blessing，2015；Bratt，Rosenthal，and Wiener，2018）：①公共使命越来越需要依赖私人市场获得的资源来实现；②角色不再局限于可支付住房的供应，延伸到就业培训、社区服务等其他非住房领域；③在财政支持缩减的同时，市场竞争也越来越激烈，非营利住房机构在面临双重挑战的背景下，纷纷寻求与私人市场主体的深度合作，重组（调整机构设置）或合作成立"混合机构"（hybrid organization，指公私合营机构）等，来寻求自身发展、实现公共使命等。一方面，非营利住房机构的这些变化，引发学者对其公共性目标和市场化策略如何共存、协调的关注（Sacranie，2012），以及在这一过程中国家与市场关系的讨论，如 Blessing（2015）认为，非营利住房机构的市场化策略并不是单一线性的由国家到市场的路径，而是在国家与市场之间徘徊。另一方面，学者们也开始关注这种"混合性"（hybridity）对居民的影响（Rolfe et al.，2019）。

在"混合性"研究的理论框架下，Morrison（2018）通过对英格兰地区近年来出现的新的可支付住房供应策略进行探讨，指出"机构之间的混合性"，即非营利住房机构与地方政府联合，双方以 5∶5 的人员结构成立新的公司来建设可支付住房。这一新的模式汲取了双方的优势：地方政府持有公有的土地；而非营利住房机构经历过多年的发展，有资金优势，且在可支付住房的建设和运作方面经验丰富。相比非营利住房机构与私人市场主体的合作，这一新的运作模式能够使租金的设定维持在较低的水平，即为市场租金的 50%~65%；而普通的可支付住房租金约为市场租金的 80%。该模式的出现，与国家的支持以及国家对增加可支付住房供应重要性的认知关系密切，从而也证明了政府在可支付住房供应中不可或缺的作用。

1.2.2 我国保障性住房供应中政府与市场的关系

1.2.2.1 我国保障性住房供应中的政府行为

保障性住房建设中关于地方政府行为的研究，是学者们关注的热点，且相关焦点集中在当前的央地关系下地方政府进行保障性住房建设的动机、行为和机制等研究。有学者认为，在当前的央地关系下，保障性住房建设主要依靠中央政府的行政命令来推动（陶然、孟明毅，2012），地方政府的财政激励和晋升激励缺失，是我国保障性住房有效供应不足的主要原因（贾春梅，2013）。谭锐、黄亮雄、韩永辉（2016）的研究，根据 105 个城市 2009～2014 年城市财政对土地出让收入的依赖度和综合土地价格两个指标来解释保障性住房供地积极性（保障性住房供地占居住用地供应的比重），来分析地方政府供应保障性住房用地的动机，更多的是基于逐利（保障性住房供应增加失去的机会成本）还是基于财政压力（增加保障性住房供应，减少财政收入）。结果发现，相比对利益的追求，地方政府面临的财政压力，是其规避保障性住房土地供应的主要原因。有效激励不足，以及中央严格的行政命令，催生了地方政府保障性住房供应的边缘化特征（严荣，2014）。

在政府投入的效应检验方面，林乐芬、边皓（2012）通过对江苏省 1997～2010 年经济适用房建设的财政投入（土地出让金和税费减免）和金融支持（开发贷款）分析，认为财政补贴和金融支持度越高，经济适用房建设量也越大。此外，该研究还表明，开发贷款比财政补贴对经济适用房的支持效果更显著。经济适用房的有限产权属性，使融资并没有成为其建设过程中的难题。

1.2.2.2 我国保障性住房供应中的企业参与

从土地供应和资金投入两个角度，看待我国企业参与保障性住房供应的情况。从土地供应的角度，新增用地供应有划拨用地集中建设和开发商建设两种。虽然划拨用地集中建设以政府直接建设为主，但是各地也出现较多政府主导、企业参与运作（代建）的情况（王琨，2013）。此外，商品房用地配建是开发企业参与保障性住房建设的一种重要方式（王敏，2018）。建设公租房在政府的职责范围之内，而开发商本身没有配建义务，因此部分学者认为，开发商往往基于经济利益考量参与公租房配建。在存量用地方面，各地也多有政策支持企业利用自有用地建设保障性住房。石薇、王洪卫、谷卿德（2014）以上海的一个公租房项目为例，分析了基于 PIPP（Public-Intermediary-Private Partnerships，政府-中介组织-私营机构）的公租房资金运作模式。总体而言，国内学者关于企业参与保障性住房供应的模式和运作机制方面的研究尚未十分丰富。

1.2.2.3　我国保障性住房供应中政府与市场的关系

由于中央政府的强力推动，我国的保障性住房供应呈现一种"多层级的治理结构"（Yan，Haffner，and Elsinga，2018；Chen，Yang，and Wang，2014）：中央政府负责政策制定和总体计划，地方政府负责各地实施方案及具体的保障性住房供应；在地方层面，省级政府、市级政府、区级政府以及街道办、居委会等在保障性住房供应的相应环节中均发挥作用（Yan，Haffner，and Elsinga，2018）。但央地关系在权责分配上的不对等，以及地方以房地产主导经济发展等多方面原因，导致地方政府在保障性住房供应方面的动力不足，进而出现一些问题（Huang，2012）。Zhou 和 Ronald（2017b）通过对重庆市公租房供应的制度体系及其实践进行研究，认为大规模公租房供应给地方政府带来的特殊政治和经济激励，是重庆公租房供应的重要驱动因素。而地方政府对土地供给和市场力量（通过国有企业）的掌控，是政府与市场有效率地合作进行公租房供应的重要因素。Lin（2018）以及

Yan、Haffner 和 Elsinga（2018）等对广州、重庆和福州的保障性住房供应研究都指出，虽然有越来越多的市场和社会主体参与保障性住房供应，但是中国的保障性住房供应体系依然具有强烈的"政府主导"特征。已有研究为我们理解保障性住房供应中的政府与市场关系提供了丰富的注解，但是可以发现现有研究的明显不足，主要体现在以下三个方面。①现有研究的时间范围多集中在"十二五"时期我国保障性住房大规模供应时期，而较少从历史维度对较长时期内保障性住房供应实践的发展演变进行跟踪研究。②现有研究多从国家和城市治理层面进行政策回顾和实践经验的总结，较少有深入的案例研究，以实际的保障性住房建设项目为例，剖析其建设过程的主要环节，以及其中的政府与市场互动关系。③中国的保障性住房供应也存在较大的地方差异（Wang and Murie，2011），但对近期"地方化"趋势下各地保障性住房供应实践的追踪研究较少；而关注供应结构变化和背景变化的密切关联，从"中央导控"到"地方化"的保障性住房实践的梳理和比较研究更少。

1.2.3　国内关于保障性住房政策及建设筹集的相关研究进展

国内以保障性住房为主题的研究，呈现明显的阶段性特征。1994～2006 年，保障性住房的相关讨论开始出现但数量增加缓慢。自 2007 年起，相关研究逐渐增加并于 2012 年达到高峰，后逐渐下降（见图 1-1），这与我国住房市场化改革以及保障性住房政策实践的发展历程密切相关。

第一阶段为 20 世纪 80 年代到 2006 年。国内学者对保障性住房关注度相对较低，国际上关于中国住房制度改革的历程、机制及其潜在社会空间影响的研究较为丰富。国发〔1998〕23 号文提出，推进住房商品化、社会化，停止计划经济时期的实物分房，逐步建立适应

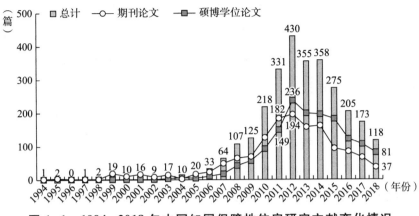

图 1-1　1994～2018 年中国知网保障性住房研究文献变化情况

社会主义市场经济体制和我国国情的城镇住房新制度，即"廉租住房供应给最低收入家庭；经济适用房供应给中低收入家庭；其他高收入家庭以市场化方式获得住房"。我国正式建立起市场经济体制下的住房保障制度。可以认为，我国的保障性住房（早期为经济适用房和廉租房）是和市场化的"商品房"相对应的一个概念，即相对的、分层次的、逐步的"保障"。而这种保障的"相对性"，可以认为是我国保障性住房体系形成之初就具有的特征。这种"相对性"的保障，也使各地在保障性住房建设实施方面存在较大差异。此外，由于国家和地方发展的重点在于鼓励和培育发展房地产业以促进经济发展，保障性住房供应在一定程度上被忽视。因此，这一时期国内关于保障性住房的研究比较有限。由于这一时期我国的住房体系由"计划"转向了市场，这种住房制度转折所带来的社会经济影响等成为国际学者关注的热点。

第二阶段为 2007～2015 年。国内学者关于保障性住房的研究呈"井喷"状态，国际学者则试图在全球语境下重新解读和定义中国的住房保障体系及中国实践。国发〔2007〕24 号文要求：①各地切实建立廉租住房制度，对城镇低收入住房困难家庭实现"应保尽保"；

②规范经济适用房发展。同时，该文件指出，"解决城市低收入家庭住房困难是城市人民政府的重要责任"，将其"纳入对城市人民政府的政绩考核之中"。也是这一年，中央开始以专项资金的方式资助西部地区的廉租房建设（中华人民共和国财政部，2007）。这一系列举措成为近年来我国城市保障性住房大规模建设的起点。2011年"十二五"规划发布，指出全国计划五年内新增建设保障性住房3600万套。"十二五"时期成为我国保障性住房建设的高潮期。相应地，国内学者对保障性住房政策、保障性住房建设筹集、资金来源、土地供应、选址等给予关注，这一时期是国内学者对保障性住房关注的爆发期。

第三阶段为"十三五"时期。到2014年中央不再给各地保障性住房建设下达命令，而是由各地结合自身情况，自主上报每年需要建设的保障性住房总量。此后，保障性住房建设的热潮在全国城镇中逐渐消退，与之相应，国内学者对保障性住房相关主题的研究也呈下降趋势。在第二和第三阶段，在国际学者试图将中国的保障性住房实践放到全球化的语境下去理解的同时，越来越多的学者对保障性住房制度以及建设实践中存在的问题进行了分析。

1.2.3.1 国外经验研究及引介

国内关于保障性住房政策和制度的研究中，国外经验的介绍占据了较大比重。荷兰作为传统上的福利国家，社会住房的规模较大，荷兰非营利住房机构长期作为社会住房的主要供应者，总体而言，荷兰的社会住房体系运作良好，并未出现英国等其他国家所谓的"剩余化""污名化"等问题，因此，我国学者对荷兰社会住房的经验介绍和关注较多，但多侧重于介绍荷兰社会组织的运作机制，如胡毅等（2013）认为荷兰非营利住房机构是承担"公共责任"的"私人机构"。顾昕、杨艺（2019）分析了荷兰非营利住房机构在资金筹集、房源汇集及住房分配等环节的运作模式。焦怡雪（2018b）侧重分析了荷兰非营利住房机构与政府的角色，以及政府对非营利住房机构的责任约束和监管机制等。林艳柳、刘铮和王世福（2017）指出随着非营利住房机构的逐渐独立，非营利住房机构逐渐从依靠政府贷款走向了经济独立，成为荷兰社会住房供应的主体。

国内学者对美国公共住房政策的关注度也很高。整体而言，美国的公共住房政策经历了由政府直接建设，到政府支持减少，市场力量参与的过程（宋博通，2002；杨昌鸣、张祥智、李湘桔，2015）。当前，美国公共住房体系呈现典型的市场化环境下的剩余模式，市场力量的介入是公共住房体系的重要特征。洪亮平、王旭（2013）分析了1865~2000 年美国保障性住房政策的重要文件，总结了以下四个方面的特征：①保障主体从政府向市场转变；②保障对象从中低收入群体向低收入群体转变；③保障途径从扩大供应转向满足需求；④保障模式从定点建设向住户自由选择转变。此外，由于市场力量的介入，以及通过规划手段调控保障性住房供应等（刘志林、韩雅飞，2010），混合居住社区等成为学者关注的主要内容（孙斌栋、刘学良，2009）。

研究美国公共住房政策的学者，不仅来自公共管理、政治经济学等领域，也有一些来自历史学领域。李莉（2019）对 20 世纪美国公共住房的三部重要法规进行解析，认为美国公共住房政策实施阶段的困境实际源自立法上的不断妥协。而这些妥协致使该公共住房政策表现为鲜明的应急特征。这些妥协凸显了美国政府主导的公共住房发展，与美国的个人主义思想文化、对自由市场的推崇等之间的矛盾。总体而言，国际经验研究的基本导向为"借鉴国际经验，理顺我国住房发展思路"（吴强，2006）。

1.2.3.2 我国保障性住房政策发展及制度建设

住房政策的研究有三个基本的维度（林卡、高红，2007）：①从公共行政的角度，学者们主要关注住房政策的具体内容和实施，即"政府通过什么方式、以多大的财政投入来满足人们的住房需要"；②政策制定过程中的行动主体关系以及驱动力；③住房体制形成和发展的制度背景，特别是国家与市场的关系。可以认为，我国学者关于保障性住房政策的讨论基本上离不开这三个主题，且具有明显的阶段性特征：早期（以经济适用房和廉租房为主的时期）以经济适用房为主的研究，多关注主题二，即政策制定和执行过程中的利益博弈。而在当前，公租房成为保障性住房的主要类型时，学者们关注更多的是主题一，即公共租赁住房制度的发展现状、面临的问题及可能的解决对策等。

经济适用房作为我国住房市场化早期一类重要的出售型保障性住房，学者们主要围绕该政策发展中遇到的问题及其根源剖析来开展相关研究，且主要基于利益博弈的视角。学者们认为经济适用房政策的实施情况不尽如人意（如唐果、吴双燕、贺翔，2008；许佳君、李方方，2009），主要原因在于：政策目标在促进经济发展和社会保障之间摇摆、分配规则不完善（寻租现象）、建设标准缺失（超大面积豪华经济适用房出现）、政策覆盖范围有限（未覆盖真正的低收入群体等）。学者们多将经济适用房政策的发展放在我国宏观的社会经济转型背景下去考量，从中央政府、地方政府、开发商和购房者所组成的政策主体在信息和话语权不对称等方面剖析原因（林卡、高红，2007；魏建、张昕鹏，2008；肖新华，2009；赵鹂、姚立环、寿志敏，2009）。

出于两个方面的原因，2009 年前后，我国学界对"停建经济适用房，发展公共租赁住房"的呼声高涨（张齐武、徐燕雯，2010）。公共租赁住房由最初的"补位"作用，发展到当前成为我国住房保障体系的核心（曾国安、张倩，2011）。公租房是我国当前最重要的一种保障性住房类型，学者对其政策的研究，主要关注公租房的准入和

退出（陈险峰、刘友平，2012；毛小平、陆佳婕，2017）、租金定价
（林金忠、袁国龙，2014）等技术操作方面的问题。在退出机制方面，
学者们意识到完善的公租房退出机制对公平和效率的影响。同时指
出，由于缺乏有效的（多层次的）引导、激励、处罚等退出机制，我
国当前在公租房的退出管理方面存在较大的困难。在租金定价方面，
学者主要关注影响公租房租金水平的因素，并在此基础上进行分析，
为政府制定合理的租金水平提供参考或建议（卢为民、姚文江，2011；
汤磊、李德智，2012；林金忠、袁国龙，2014）。

　　此外，除了对经济适用房、公租房等保障性住房政策进行研究
外，学者们对保障性住房政策体系的整体发展也密切关注。首先，我
国保障性住房政策体系的发展现状、面临的问题及优化建议等方面，
是学者着墨最多的领域。叶晓甦、黄丽静（2013）探讨了保障性住房
体系建设的公平和效率问题。也有学者从其他角度指出当前我国保障
性住房政策体系存在的不足，并给出优化完善的建议（田玉忠、黄真
帅，2011；孙守纪、孙洁，2013；陈峰，2012）。

　　其次，我国保障性住房政策的发展演进方面。谭锐（2017）认
为，虽然近年来保障性住房建设的数量大幅增长，但是保障性住房体
系的制度建设和管理出现了一些问题。定位和目标不清晰、实践经验
较难制度化以及组织方式松散等，是过去 20 年我国保障性住房体系
发展呈现的总体特征。未来发展的关键在于，厘清保障性住房的本
质、界定政府与市场的关系、明确央地政府责任关系等方面。吴宾、
徐萌（2017）通过对 1978～2016 年国家层面出台的关于保障性住房
的主要政策文件进行关键词的分析，指出长期以来我国住房政策的核
心指向在于市场化，并据此认为，我国在推进住房保障的同时，亦重
视住房市场的发展，形成了以政府保障与市场多样化供给为主的多层
次住房体系。聂晨（2018）探讨了我国住房市场化改革背景下，保障

性住房体系的边缘化地位。

最后，虽然也有学者关注了保障性住房政策制定过程中的政府行为，如王洛忠、李帆、常慧慧（2014）对保障性住房政策制定过程中政府协作行为的研究，以及其他学者对政策执行过程中政府行为的关注（杨宏山，2014；武中哲，2017），但总体而言，我国保障性住房政策的相关研究中，技术操作层面的讨论较多，即主题一；虽然也有学者关注和讨论主题二和主题三，但相关研究仍显不足。

1.2.3.3 保障性住房供应中的土地供给议题

就土地供应的方式而言，根据调查，2010 年和 2011 年的保障性安居工程用地构成中，新增用地和存量用地大约各占 50%（刘守英、邵挺，2012）。可以发现，除新增用地外，存量用地正在成为保障性住房用地供应的重要方式。两种土地供应方式由于利益和运作机制的不同，在空间布局上也体现出一定的差异性。

在保障性住房土地供应的空间布局方面，地理和规划领域的学者多关注保障性住房在新增用地供应情况下，用地选址的空间特征、决定因素以及带来的潜在负面影响等。关于政府大规模地建设的保障性住房社区，学者们主要关注其位置的偏远及其选址的机制等。党云晓、张文忠、刘志林（2014）以北京市为对象的研究认为，土地价格是决定城市政府将经济适用房布局在城市郊区的驱动因素。柳泽、邢海峰（2013）指出，保障性住房空间选址的边缘性特征，是由于在布局选址过程中城市规划过分强调技术理性，进而出现"政府选址"、"空间寻址"和"应急选址"等现象。许丹艳、刘向南（2012）认为，保障性住房建设中出现选址困难、区域布局失衡等问题，地方政府对经济增长的追求是主要原因。

公共管理和公共政策研究的学者关注保障性住房土地供应的制度构建方面。学界认为：我国既有的立法中，缺乏对公益性用地的相关保障。在此背景下，我国的城市土地储备制度以经营性用地为主，并未有相对独立和完善的基于公益性质的土地储备机制。此外，"十二五"期间的保障性住房供应主要在国家的行政命令驱动下开展，保障性住房的发展规划缺乏长期的制度安排。这使保障性住房土地供应也具有短期性和不确定性（郭洁、赵宁，2014）。赵茜宇、张国伟、郑伟和张占录（2015）以北京市为例，进一步分析了基于公益性的相对独立完善的保障性住房土地储备机制的缺失问题。

1.2.3.4 保障性住房建设的资金来源及融资议题

早期，我国的保障性住房以经济适用房为主，其资金来源有序、稳定充足，主要为银行资金、单位自筹资金，因此基本不存在资金筹集的问题。从 2007 年开始，出租型保障性住房（廉租房）成为保障性住房供应工作的重点。特别是从 2010 年开始，大规模的公租房建设，使得资金筹集成为保障性住房建设的一大难题。在公租房的制度设计中，除了财政资金、土地出让金的一定比例、银行贷款和住房公积金外，更强调使用金融机构中长期贷款、企业中长期债券等，并探索保险、信托等融资渠道。"十二五"规划中计划五年建设 3600 万套保障性住房，资金筹集是保障性住房建设的关键所在（蒋和胜、王波，2016）。因此，在"十二五"规划发布的前几年，学者们就保障性住房的融资渠道建言献策。学界主要的观点为：在加大政府财政直接投入力度的同时，拓展市场和社会融资渠道尤为关键（路君平、糜云，2011；唐玉兰、肖怡欣，2012），试图将单一的政府直接融资（投资）方式转为政府引导下的商业化融资运作方式（王石生，2012）。

在这一背景下，学者关于我国保障性住房资金和融资的相关研究主要有两种：一为国外保障性住房融资经验的介绍；二为基于国外经验以及国内现实提供的政策建议。在国外的经验介绍方面，张玉梅、王子柱（2014）介绍了新加坡组屋的建设融资和消费融资模式，剖析了政府资金在建屋发展局资金筹集中的重要作用，特别是政府资助的资金并不来源于财政资金，而是公积金。在此过程中，新加坡公积金制度的完善成为新加坡组屋融资制度成熟稳定的重要基础。在此基础上，该文作者为中国公积金制度的完善提出了建议，如公积金制度设计向中低收入群体倾斜等，以更好地支持保障性住房建设。许莲凤（2014）介绍了美国公租房 REITs 的经验，并提出我国 REITs 融资机制的相关建议。韦颜秋、游锡火、马明（2013）总结了美国低收入住房返税政策（LIHTC）运作的几大特点。①封闭式的金融体系，资金在政府、开发商、保障对象和投资者之间形成闭环，"在公共建设中放大政府投入，并在融资过程中起到杠杆作用，最大限度撬动社会资金的参与"。②证券化技术支持。③市场化机制。政府和市场的金融机构均在市场化规则下运作。④保证开发企业的收入。在此基础上，提出对我国建立封闭性保障性住房金融体系的建议。总体而言，借鉴国外经验，我国的保障性住房资金体系可在以下方面进行完善：①在以政府资金投入为主的同时，积极吸引社会资金的投入；②为吸引社会资金投入，及时组建专门化的组织机构，构建完善的政策性融资制度和形成成熟稳定的金融体系（康峰，2012；张琪，2017）。

关于我国保障性住房融资的建议方面，主要关注公租房的融资难题。在其逐渐成为我国主要的保障性住房类型后，随着规划供应规模的扩大，且由于其租赁属性，租金水平多远低于市场租金，使公租房建设的资金来源成为一个难题。相关的建议主要集中在建立一个与我国基本住房保障制度相配套的政策性金融体系方面。政策性住房金融是指"以国家信用为基础，在住宅业从事资金融通，并为政府所有、参股、担保和控制，为保障性住房建设与消费提供长期、稳定低成本的资金来源的融资制度安排"（谭禹，2015：74）。政策性住房金融优势明显，例如：①可使财政资金与市场资金有机结合，放大财政融资的功能；②有利于创新财政资金"拨改贷"模式，实现财政资金的良性循环与滚动发展，提高财政资金的经济与社会效益（谭禹，2015）。相关建议点主要包括完善融资相关的立法、成立专门化的融资机构、理顺利益机制以有效吸引社会资金、加大政府财政资金的投入力度等（雷颖、君郭、静易琳，2011；王英、钟清、顾湘，2012；贺燕，2014）。

1.3　保障性住房分配模式研究综述

本节综述国内外保障性住房分配的相关研究。对西方国家关于社会住房分配研究的梳理，主要是对英国、荷兰等国家的政策和实践进行了讨论。本节首先以英国为例，对其社会住房分配模式相关研究进行综述。然后，对我国的住房分配相关研究进行回顾。

1.3.1　英国社会住房分配的模式研究

英国社会住房起源于 19 世纪末期，主要目的在于改善工人阶级的住房条件。到 1914 年前夕，英国的地方政府在没有国家支持和约束的情况下，共建设了约 2.4 万套社会住房来改善工人阶级的住房条件，其动力源自工人阶级日益增强的政治影响力。在第一次和第二次世界大战后的大约 20 年内，英国社会住房的发展趋势具有相似性，即大规模的建设；但社会住房的定位逐渐由"面向大众需求的住房"转向"面向穷人的住房"，特别指那些在贫民窟清理运动中的被拆迁者。20 世纪 70 年代末至 90 年代，英国社会住房的"剩余化"特征凸显，社会住房的总量（绝对和相对）快速缩减，供应对象主要为社会上的最低收入者。近年来，英国社会住房体系的地方差异性日益凸显，原因在于自 1999 年起，以苏格兰、威士和北爱尔兰为主，各地纷纷承接国家在劳动力市场、税收和社会保障等方面的权力下放，拥有更大的权限来调整地方住房保障体系。特别是自 2010 年英国政府采取财政紧缩政策以来，由于"固定租期"取代了过去终身制的租赁期限，英格兰的社会住房由剩余模式下的"安全网"角色，逐渐向"临时救济"模式转变，社会住房的福利性质被再次削弱。

1.3.1.1 基于"应得"的分配模式

由于不同时期社会住房的角色定位不同，供应的目标对象存在差异，相应地，社会住房分配模式也随之变化。自 19 世纪末至二战后的 20 年，英国社会住房主要面向工人阶级、部分面向贫民窟清理运动中的穷人，这一时期的社会住房分配模式，可以概括为"基于'应得'的分配"，即申请者被划分为"值得"和"不值得"两个群体，被认为"值得"的申请者可以分到质量好的住房。一般的流程为：①进入等候名单（如在中央界定的目标群体内，地方往往要求申请者在当地有工作或实际居住一段时间）；②进入等候名单后，对申请者根据优先级排序（各地排名方式杂乱且繁多，如申请日期、住房拥挤程度、本地工作年限等），且这些排名的方式和标准不对外公开；③当申请者进入等候名单的首位时，就会被匹配相应的住房。但现实中，进行住房分配的政府职员往往要进行"家访"，考察申请者的家务、住房清洁等能力，根据这些考察结果来实际匹配住房。大量研究显示，这种"自由裁量权"的行使，往往使低收入的穷人被分配到质量差、穷人多的社区中。这也是基于"应得"的分配影响社区社会构成的原因。在这种模式下，虽然出现了一些衰败的社区（相关数据显示 1980 年，有 5%的社区被认为是"问题社区"），但是这一时期由于社会住房供应量大，大多数社会住房社区成为工人阶级生活文化的载体（Ravetz，2003）。

基于"应得"的分配模式广受诟病，根据"需要"分配住房显得日益重要。虽然社会住房分配在很多时候是一项地方事务，中央政府很少直接干预，但1977年英国的《无家可归者法案》（the Home-less Act）要求，"无家可归者"在地方政府的市政公房分配中为"具有优先需要"的群体，奠定了基于"需要"的分配模式。然而，研究发现：①在现实操作中，对"需要"的衡量复杂多样，且没有客观的标准；②住房分配程序中的"家访"仍然存在，住房分配职员的"自由裁量权"依然在行使。因此，在实际的住房分配中，对黑人和低收入群体等少数群体的歧视依然存在，他们往往有很大的概率被分配到贫困集中的社区。此外，被分配到某个住房后，申请者能够拒绝此次匹配的机会有限（1~2次），因而分配过程具有"强迫性"。住房分配职员的主观性以及操作过程中的自主性，使不同种族、阶级、收入的群体，被"有意地"分配到特定的住区中，并在某种程度上"加剧了"这些"问题社区"的衰落。

1.3.1.2　基于"选择"的出租模式

基于"选择"的出租模式在20世纪80年代出现在荷兰。基于"需要"的社会住房分配模式被诟病为效率低、操作过程不够透明，1990年起，荷兰代尔夫特开始试验一种新的住房分配模式，即模仿私人租赁市场模式，通过在报纸或一些专门的住房出租杂志上刊登"广告"的形式宣告待出租的房屋信息以及申请需要达到的要求，由申请者自行决定是否申请该房屋。这一模式又被称为"广告模式"或"代尔夫特模式"。基于"选择"的出租模式，跟前两种分配模式的不同之处在于，分配过程中的操作方式发生了变化，取消了住房分配职员在住房和申请者之间进行匹配的"自由裁量权"，而将"选择权"赋予申请者，且提高了分配过程的透明度和公开度。但是这一模式也并不是"近乎完美"的。例如，学者们质疑，由于信息不对称等原因，处于弱势的申请者能够在多大程度上"实施"选择。该模式想当然地认为申请者"拥有"选择的能力，但事实并不是如此。有研究发现，大多数少数族裔群体，特别是那些通过基于"选择"的出租模式获得社会住房的群体，最终往往都会选择居住在被剥夺的、少数族裔群体集聚的社区。由于用来实施真正"选择"的资源和权利缺失，低收入群体和少数族裔群体最终"自我隔离"在低收入社区。

英国社会住房分配模式的变迁，与社会住房在社会经济中扮演的角色变化一样，遵循了"市场化"逻辑。但正是在这种市场化的环境下，低收入群体的社会福祉被忽视。如针对基于"选择"的出租模式，学者们认为，如果单纯从社会住房分配的维度，或许赋予申请者更多的选择是值得提倡的；但是在分配中赋予申请者"选择权"，本质上与当前英国社会住房的角色和定位相悖。当前社会住房"安全网"的定位，意味着社会住房只能供应给最低收入的群体，而在分配政策中赋予"选择权"的内在逻辑却是社会住房面向相对广泛的群体。政策的不一致甚至相互冲突，以及突出政治经济考量的政策制定对社会关怀的缺失，可以说是英国社会住房分配政策产生消极社会空间结果的根本原因。

1.3.2 我国的保障性住房分配相关研究

国内关于保障性住房分配的少量研究，一方面，着重对西方国家分配模式和操作细则的引介（胡金星、陈杰，2013）；另一方面，则关注我国保障性住房分配中的操作难题，如收入和财产审查困难、政府部门之间存在的信息不对称问题，以及居民骗租骗保等问题（刘潇、马辉民、张金隆、刘昌猛，2014）。较少有研究基于保障性住房体系的发展，考虑与之适配的分配方式等问题。

已有关于我国住房分配的研究，如学者们对我国计划经济时期的福利分房制度，特别是单位在住房分配中扮演的角色进行了诸多探讨

（Wang and Murie，2000；Logan，Fang，and Zhang，2010），认为存在"单位之间"以及"单位内部"的差异现象。单位之间，主要指不同类型的单位，由于行政层级、财力状况等差异，获得住房资源的总量和质量存在不同，进而形成单位之间分配的差异问题。而在单位内部，工龄、是否为党员以及干部级别等不同因素导致住房分配差异问题。此外，学者们的研究普遍认为，在住房市场化的过程中，如在旧公有住房出售的过程中，这些单位内部和单位之间的差异现象在某种程度上存在。在住房商品化之后，个体均通过市场获得住房，单位的角色弱化，因而相关的住房差异，转化为不同群体因购买力差异而享受差别化的住房条件和居住环境。

第 2 章

中国保障性住房政策的发展演变

　　1998 年停止住房实物分配之前，我国住房政策关注的重点在于探索旧公有住房的"私有化"和新建住房的"商品化"（Wang and Murie，1999），相关研究则关注其实施过程及效应（Wang and Murie，2000；Logan，Fang，and Zhang，2010）。自 1998 年停止住房实物分配、全面推进住房市场化改革以来，调控房地产市场的发展，即房价调控，成为我国住房政策的一个核心着力点。但与此同时，市场化背景下新的保障性住房政策体系也逐步建立。尽管 1998 年被普遍视为全面推进住房改革的新起点，但早在 20 世纪 80 年代，住房商品化的改革已在孕育并缓慢发展，特别是 1992 年邓小平南方谈话后，市场化改革快速推进。与此相应，城镇的保障性住房政策也开始萌芽和起步。为此，本章结合国家层面经济社会发展的阶段特征，着重关注 20 世纪 90 年代以来市场化背景下中国城镇保障性住房政策的孕育及发展演变。结合 Harole（1995）提出的大众模式和剩余模式理论，本章将中国城镇保障性住房政策演变划分为三个阶段（见图 2-1），主要从政策目标、保障对象和保障规模几个方面来分析各个阶段的模式特征，并着重从经济、社会等多方面探究其影响因素。

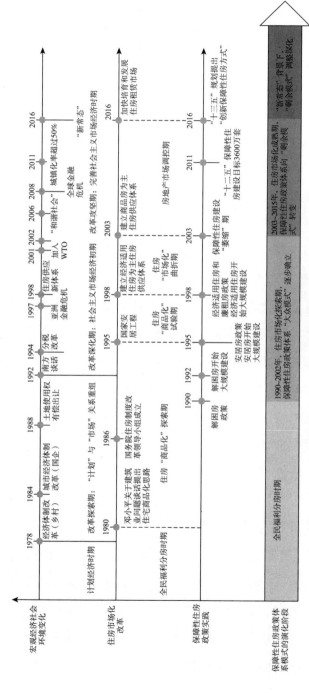

图 2 - 1　中国城镇保障性住房政策体系的模式演变及阶段划分

2.1　1990~2002 年：住房市场化探索期，"大众模式"逐步确立

1992 年，国家确立建设社会主义市场经济体制的发展方向，这成为这一阶段住房改革及实践的宏观背景。一方面，计划经济体制下政府的住房负担沉重，加之住房商品化改革方向逐步明确，促使政府加快对传统福利分房制度的改革；另一方面，20 世纪 90 年代初期，以海南"房地产热"为代表的房地产市场情况，以及由此导致的住房可支付问题（侯淅珉，1995），使政府在市场与"保障"之间权衡，进而采取谨慎态度，试图探索兼具市场与"保障"属性的"住房新体制"（李铁映，1996）。基于 1990 年以来解困房建设的经验（建设部、中华全国总工会，1990），国家安居工程于 1995 年开启，并成为改革初期探索"住房新体制"的关键举措（国务院办公厅，1995）。在重视"保障"方面，中央通过国家贷款与地方自筹相结合的资金投入方式、土地政府划拨、税费减免等政策安排，由地方政府主导建设，实现快速的住房供应，以解决这一时期我国城市普遍面临的住房短缺问题；而在推进"市场化"方面，建成后的安居房直接以成本价向中低收入家庭出售，希望通过政府主导来推进住房的"商品化"试验。国家安居工程住房的供应对象为中低收入家庭，面向城市中的大多数群体，这可视为保障性住房政策"大众模式"的初步探索。

1998 年，《国务院关于进一步深化城镇住房制度改革加快住房建设的通知》（国发〔1998〕23 号）出台，在继续强化经济适用房（安居房）供应的同时，启动廉租房政策。其中，经济适用房作为上一阶段安居房的延续，仍主要供应给中低收入家庭，并大幅提高了计划供应规模；而廉租房则主要供应给城市中的最低收入家庭，此时主要为

城市低保户。相关研究也指出，1998 年我国城市中低收入家庭人口占城市总人口的 60%~80%，即此时我国城镇保障性住房政策的目标人群是城镇 2/3 以上的家庭（焦怡雪、尹强，2008）。从此政策层面来看，国发〔1998〕23 号文的出台，可视为我国保障性住房政策体系"大众模式"的正式确立。而在实践方面，1995~2002 年，国家计委、人民银行、建设部、国土资源部等部门每年联合下发年度国家安居工程建设规模及信贷指导计划，指导经济适用房的建设。可以看出，这一时期经济适用房的计划建设总量总体上呈稳步增加趋势（见图 2-2）。就经济适用房占全部住房总量的比重而言，1998 年，国家经济适用房（安居房）计划施工面积约占同年全国城镇新建住宅面积的 45%，到 2002 年这一比重虽有所下降，但仍达到约 35% 的水平。

　　总体而言，在我国社会主义市场经济体制确立的早期，住房制度改革由计划向市场转轨过程中的不确定性，以及国有、集体企业改革导致下岗失业而带来的社会维稳需求，促使中央政府在市场与"保障"之间谨慎抉择，这些成为该阶段我国城镇保障性住房政策体系"大众模式"确立的内在动因。而 1997 年亚洲金融危机的爆发，促使我国将经济增长的动力适度转向内需（任泽平、张宝军，2011），政府主导的经济适用房建设则是增加投资的重要方式之一，这也成为助推我国城镇保障性住房政策体系"大众模式"建立的重要外因。Michael Harole（1995）的研究指出，政府在经济"非正常"运转时期，会加大对住房保障的干预力度，这一观点在此也同样得到印证。

图 2-2　国家安居工程计划施工面积与同期全国城镇新建住宅面积情况

说明：1999 年国家没有发布安居工程相关计划，故该年份没有统计数据。

资料来源：根据国务院办公厅（1995），国务院住房制度改革领导小组（1996），北京房地产（1997），国家计委、中国人民银行（1998），国家发展计划委员会、中国人民银行（1998），国家计委、人行、建设部、国土资源部、工行、农行、中国银行、建行（1998），国家发展计划委员会、建设部、国土资源部、中国人民银行、中国工商银行、中国农业银行、中国银行、中国建设银行（2000），国家发展计划委员会、建设部、国土资源部、中国工商银行、中国农业银行、中国银行、中国建设银行（2001），国家发展计划委员会、建设部、国土资源部（2002），及国家统计局（2003）文献整理。

2.2　2003~2015 年：住房市场化成熟期，向"剩余模式"转变

经历了上一阶段的住房商品化探索，2003 年《国务院关于促进房地产市场持续健康发展的通知》（国发〔2003〕18 号）发布，进一步坚定了住房市场化的发展方向，在极大程度上促成了我国房地产市场的大发展。私人住房市场的繁荣，以及房地产作为国民经济支柱产业的良好表现，成就了我国转型期的经济大增长，相伴而生的是以"有房者阶层"为代表的中产阶层的崛起（Li and Zheng，2007）。此时，市场成为住房供应的主体，而政府供应的保障性住房规模占比较

低，且保障群体也转向以城市低收入家庭为主，我国城镇保障性住房政策体系开始向"剩余模式"转型。2003~2010 年，全国经济适用房新开工面积整体呈下降趋势，且其占全国房屋新开工面积的比重更是显著下降，从 2003 年的 9.74% 下降到 2010 年的 3.00%（见图 2-3）。而以城市最低收入家庭为保障对象的廉租房更具鲜明的"剩余化"特征，据相关统计，1998~2010 年，全国共计划供应廉租房约 710 万套（珈宝，2008；中华人民共和国住房和城乡建设部，2009），截至 2010 年底，约占全国城镇居民家庭总数的 4%（国家统计局，2011）。

图 2-3　2003~2010 年我国经济适用房新开工面积与本年
房屋新开工面积比较

资料来源：根据国家统计局、中国指数研究院（2011），及国家统计局（2011）相关数据整理。

进入"十二五"期间，城镇保障性住房建设再次受到中央政府的高度关注，保障性住房总量大规模增长，且类型多样化。"十二五"期间，城镇保障性住房计划规模总量达到 21.6 亿平方米，而同期我国城镇住宅施工面积总量为 272.98 亿平方米，前者占后者的比例约为 7.9%。具体而言，2011 年国家启动大规模保障性住房建设计划，城镇保障性住房计划规模占城镇住宅施工面积的比例最高，达到 12.88%，此后这一比例呈逐年下降趋势，2014 年降为 4.85%。从 2015 年起，随着国家对住房保障的重视，这一比例又呈上升趋势（见图 2-4）。但总体而言，该期的保障性住房政策不同于 1998 年试图建立覆盖城镇中低收入群体的"大众模式"，这一阶段的政策体系仍显现出"剩余模式"的特征。

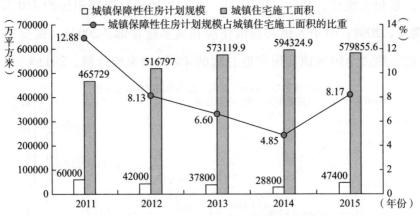

**图 2-4　2011~2015 年我国城镇保障性住房计划规模占同期
城镇住宅施工面积的比重**

说明：2011~2015 年我国城镇保障性住房计划规模（单位：万平方米）根据政府发布的保障性住房建设年度计划（单位：万套）乘以套均面积（取值 60 平方米/套）得出。

资料来源：根据 2011~2015 年全国城镇保障性住房建设年度计划，及国家统计局（2016）相关数据整理。

首先，从保障规模来看，经济适用房和廉租房的供应对象仍以城镇低收入家庭为主，而为促进城市旧城改造的大量棚户区改造安置房也被计入保障性住房范畴，实际保障的城市低收入家庭则远低于 20% 的目标。以北京为例，"十一五"期间实际完成保障性住房的总量中，棚户区改造安置房占 28.87%，根据"十二五"规划，计划供应 100 万套保障性住房，以覆盖 20% 的人口，但棚户区改造安置房占到了保障性住房供应总量的一半（见表 2-1）。再看上海市的情况，根据《上海市住房发展"十二五"规划》，5 年预计新增供应各类保障性住房 100 万套左右，其中经济适用房（共有产权住房）预计供应 32 万套，公租房约 20 万套，棚户区改造安置房约 40 万套（上海市人民政府，2012）。根据地方政府的住房保障实践来看，"十二五"期间 3600 万套城镇保障性住房供应中，有 1/3 以上是为旧城改造和棚户区改造安置服务。

表 2-1 北京市"十一五"时期实际完成及"十二五"时期
规划保障性住房建设情况

单位：万套，%

时期	廉租房	经济适用房	限价商品房	公租房	其他棚户区改造安置房	各类保障性住房总计	棚户区改造安置房占比
"十一五"	2.3	12.9	16.7	2.6	14	48.5	28.87
"十二五"	50				50	100	50.00

资料来源：根据《北京市"十二五"时期住房保障规划》相关材料整理。

其次，从保障对象来看，根据 2010 年住房和城乡建设部等七部门《关于加快发展公共租赁住房的指导意见》（建保〔2010〕87 号），以外来务工人员（农民工）和新就业大学生为主要群体的中低收入人群并未被有效纳入住房保障体系，住房保障的对象仍以城市户籍的低收入家庭为主。根据国家相关政策，从 2010 年开始外来务工人员应被纳入城镇住房保障，但各地实际的执行情况并不令人满意，条件相对严格，且执行进度缓慢。以上海为例，根据《关于印发〈贯彻《上海市发展公共租赁住房的实施意见》的若干规定〉的通知》（沪房管保〔2010〕436 号），"持有《上海市居住证》应达到二年以上，并且连续缴纳社会保险金（含城镇社会保险）应达到一年以上"的外来务工人员，才可以申请公租房。而广州市直到 2014 年《城镇住房保障条例（征求意见稿）》的出台，才将城镇住房保障的范围界定为"城镇家庭和在城镇稳定就业的外来务工人员"。北京等其他许多大城市的情况也是如此。

总体上看，2003~2015 年是中国加入 WTO 之后，深度拥抱世界经济，大力推进市场化，实现宏观经济的快速增长和良性运行时期。中央和地方政府坚持市场化改革方向，在住房领域，明确市场作为住房供应的主体，而对于住房保障，则采取积极的"剩余模式"。与此同时，适应中国自身的城镇化发展阶段（加速期，外来务工人员大量涌入城市），以及受外部国际环境的影响（2008 年全球金融危机等），保障性住房建设可在一定程度上促进城镇化，适度调节房地产市场，并稳定经济增长（Chen，Yang，and Wang，2014）。

2.3 2016 年以来："剩余模式"的调整深化

2014 年 5 月，习近平总书记在河南考察工作时首次提出"新常态"重要论断。[①] 2017 年 12 月，中央经济工作会议将"经济发展新常态"这一重要论断作为习近平经济思想的重要组成部分，强调坚持适应把握引领经济发展新常态，立足大局，把握规律。而在住房领域，房地产开发投资额、销售额以及价格水平等都呈现增长放缓的情况。在此背景下，房地产业的盈利空间不断缩小，房地产行业在国民经济中的地位发生变化。在新的形势下，房地产业的结构调整成为未来发展的必要趋势。面对重"房屋产权"市场而轻"房屋租赁"市场导致的住房供应的结构性失调，注重发展住房租赁市场，调整住房

---

① 参见李苑《〈中国经济新常态〉由人民出版社正式出版发行》，http：//culture. people. com. cn/n/2014/1218/c22219-26231799. html，最后访问日期：2024 年 10 月 17 日。

供应的租、售结构，成为未来房地产市场发展的基本方向（刘寅、朱庄瑞，2016）。而在住房保障方面，城市外来务工人员和新毕业大学生等的基本住房保障问题日益凸显。在此背景下，2016 年国务院办公厅出台《关于加快培育和发展住房租赁市场的若干意见》（国办发〔2016〕39 号），在鼓励发展住房租赁市场的同时，"转变公租房保障方式"，"鼓励地方政府采取购买服务或政府和社会资本合作（PPP）模式，将现有政府投资和管理的公租房交由专业化、社会化企业运营管理"，住房保障的对象也进一步覆盖城市外来务工人员等多类群体。但是，我国保障性住房政策体系仍然呈现"剩余化"的特征。从住房总量的构成来看，我国城镇的住房自有比例很高，2010 年达到 74.86%（刘望保、闫小培，2015），据此推算，城镇保障性住房的总体规模基本控制在 20% 以下。而就保障性住房自身的绝对数量而言，规模也相对较小。根据《上海市住房发展"十二五"规划》，2016 年计划新增保障性住房 5 万套，与"十二五"期间实际共完成 87.8 万套的数量相比，上海的保障性住房供应在"十三五"期间会有一定程度的缩减。

从保障对象来看，随着城镇化及社会经济的转型，住房保障对象的多元异质性将给"剩余化"的住房保障模式带来挑战。外来务工人员、新毕业大学生作为城市中两个逐渐显现的群体，其住房问题关系到城市未来的健康发展。因此，对这一部分群体提供必要的住房保障，地方政府应当给予更多的关注和政策支持。

总体而言，中国经济发展进入"新常态"，将更加注重城市经济和社会发展的规律，发挥市场在资源配置中的作用，私人开发商以及私人资本将越来越多地参与保障性住房供应，而这种供应主体的变化将导致保障性住房领域的深刻变革。与此同时，政府可创新住房保障模式，在引入市场供应的同时，强化政府作为监督者以及促进再分配公平的角色，建立具有中国特色的"管控+市场"的住房保障模式。

第 3 章

深圳市保障性住房体系的发展演变

本章借鉴国内外关于保障性住房体系研究的相关思路，关注在国家政策导向下，深圳市保障性住房体系在不同历史时期所承担的不同功能和扮演的不同角色。具体而言，从不同历史阶段保障性住房类型、计划供应规模和实际供应规模以及供应对象的变化，分析 1988 年以来深圳市保障性住房体系的发展变化，并从央地政府关系的视角，对其变迁的动力进行分析。在对深圳市保障性住房体系的发展演变进行研究之前，先对深圳的住房建设和发展历程进行概述。

3.1 深圳市住房建设和发展概述

3.1.1 住房建设及发展历程

1979 年，在宝安县的基础上，深圳市成立，辖区总人口为 3.14 万人（其中暂住人口 2000 人）。房屋总面积为 29 万平方米，其中住宅建筑面积为 12 万平方米，人均居住建筑面积约 3.8 平方米。1980

年经济特区成立，城区人口增至 7.14 万人，人均居住建筑面积为 6.6 平方米。到 1987 年底，特区常住人口和暂住人口分别为 28.9 万人和 23.8 万人，人均居住建筑面积为 10.3 平方米。1979~1987 年，特区住房建设投资总额约为 22.4 亿元，占特区基建总投资（97.67 亿元）的 22.9%，占国民收入（110 亿元）的 20.36%（全国为 8.8%）。城市住宅建设快速推进（深圳市人民政府住房制度改革办公室、深圳市国土资源和房产管理局，2005）。

随着 1988 年《深圳经济特区住房制度改革方案》以及 1989 年《深圳经济特区居屋发展纲要》的发布，深圳市住房市场化改革启动。自此，深圳市住宅建设迎来了高速发展。1990~2003 年，深圳市住宅年度竣工面积总体持续增加，并于 2003 年达到高峰值。此后，住宅竣工总量虽逐渐下降（见图 3-1），但商品住宅的竣工总量高于非商品住宅，并占绝对优势。

虽然深圳早期的住房商品化改革成就斐然，并为全国的房改提供了诸多有益经验，但 2004 年以来新增建设用地不足，以及制度遗留等问题，使深圳市的住房市场呈现以下特征：商品房市场规模小，价格高，受益群体有限；城中村住宅量多，但居住环境品质相对较差。

3.1.2　住房市场总体特征

3.1.2.1　商品房总量小，新增供应不足，且价格高

新增可建设用地不足，成为影响深圳住房供应的主要因素。深圳市域面积相对较小，由于近几十年的快速发展，可开发建设用地消耗殆尽（徐远等，2016）。深圳境内，山脉、水体等自然资源丰富，占地面积广阔。早在特区发展的初期就确立了保护环境，维护生态平衡的传统。早期的总体规划即确定了组团式的城市结构，通过保护环境，禁止在特区间的组团绿地开发建设，来维护生态平衡（孙俊、林英陆，

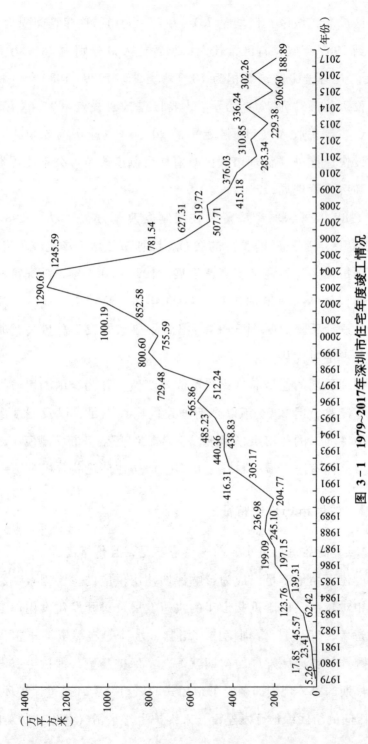

图 3-1　1979~2017年深圳市住宅年度竣工情况

资料来源：深圳市统计局、国家统计局深圳调查队，2018。

1992）。虽然 1991~2005 年深圳的商品住宅销售面积逐年增加，但是
2005~2008 年，由于土地资源的紧缺，深圳商品住宅销售面积直线减
少。2008 年以来，在城市建设用地紧缺的背景下，政府努力增加住
宅用地供应，新增用地的不确定性使深圳商品住宅销售面积处于不断
波动的状态（见图 3-2）。大体而言，2008~2018 年，深圳每年供应住
宅 3 万~5 万套，这与深圳市快速增加的人口总量相比，实则非常有限。

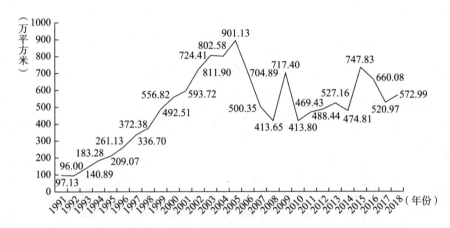

图 3-2　1991~2018 年深圳商品住宅销售面积变化

资料来源：深圳市统计局、国家统计局深圳调查队，2019a。

3.1.2.2　城中村住房总量大、价格低廉，但品质较差

在深圳，城中村住宅占据深圳市住宅存量的"半壁江山"。城中
村租赁住房由于价格低廉，是广大外来务工人员的主要选择。但是，
城中村由于建筑密集、水电等基础设施缺乏或建设标准较低，面临居
住环境差、安全隐患大等问题。

因此，改造城中村，成为政府、学界和公众都关注的议题。城中
村的更新改造，也经历了从拆除重建向统租改造的转变。《深圳市城
中村（旧村）综合整治总体规划（2019—2025）》指出，在规划期
内保留部分城中村住宅，以期留住"低成本的居住和生产生活空间"。
根据该规划，深圳全市共计纳入综合整治的城中村规模为 5502 公顷。

2019 年 8 月 25 日，深圳市人民政府发布《关于规范住房租赁市场稳定住房租赁价格的意见》，提出增加租赁住房供应、实施城中村住宅规模化租赁等目标和策略。此后，2020 年 2 月 28 日，深圳市住建局发布《深圳市人才住房和公共租赁住房筹集管理办法（暂行）》，对通过社会存量房改造等方式筹集人才住房和公共租赁住房的方式进行规定，可以认为是对"十三五"期间深圳市通过"规模化租赁"探索城中村综合整治路径的总结和肯定。随着《中华人民共和国国民经济和社会发展第十四个五年规划和 2035 年远景目标纲要》对"发展租赁住房"的再次强调，"加快住房租赁法规建设"，"以人口流入多、房价高的城市为重点，扩大保障性租赁住房供给"，深圳市城中村"规模化租赁"也将会是未来一段时间内保障性住房筹集的一种主要方式。

3.2 深圳市保障性住房体系的发展历程

深圳市的保障性住房可以追溯到 1988 年的《深圳经济特区住房制度改革方案》，即以此为起点的新增住房建设。当时，深圳提出"双轨三类多价"的住房建设体系，具体指市住宅局建设福利价商品房和微利商品房，开发商建设市场价商品房。其中，福利价商品房和微利商品房，统称为安居房，可以认为是市场化环境下深圳市最早的保障性住房。截至 2020 年，深圳市保障性住房体系的发展走过了 30 余年的历程，中间有过停滞也有过快速推进的时期，有制度体系的转换也有政策的持续。本节基于国家层面保障性住房政策发展变化的阶段划分，并结合深圳市的实际情况，将深圳市保障性住房体系的发展分为四个阶段：①1988～2002 年；②2003～2006 年；③2007～2010 年；④2011～2020 年。从深圳市保障性住房政策变化、保障性住房计划和实际建设总量、目标对象以及保障性住房所有权类型变化几个方面展开具体的分析。

3.2.1　1988~2002 年：具有社会主义福利特征并促进住房商品化的保障性住房体系

本节通过对安居房的发展历程进行梳理和分析，特别是其起源—发展—"上市交易"，来揭示安居房所具有的促进住房商品化的使命和意义，并通过对安居房的主要供应对象进行分析，来揭示其所具有的社会主义福利住房的特征。

3.2.1.1　安居房的起源及发展：促进住房商品化的使命

自 1979 年立市到 1987 年底，作为新兴城市，深圳的住房建设速度远超全国平均水平。但是人口在短期内大量涌入，加之计划经济体制下住房建设和分配的诸多弊端，导致部分群体面临住房问题，这与当时全国的情况相似。

作为改革试验区，深圳于 1987 年 7 月成立深圳市人民政府住房制度改革办公室，1988 年 6 月 10 日，《深圳经济特区住房制度改革方案》发布，开启住房制度改革。改革在两个领域开展：旧房出售和新房建设。由于深圳立市较晚，存量旧公有住房的出售很快完成，因此新房建设是深圳试行住房商品化改革的重要领域。1989 年《深圳经济特区居屋发展纲要》提出"双轨三类"住房供求体系，"双轨"指住房建设的两条轨道：一是市房管局组织建微利商品房和福利价商品房①；二是房地产开发单位投资建市场价商品房。微利商品房和福利

---

① 微利商品房是一种介于福利价商品房和市场价商品房之间的低利润的商品住房。主要提供给需要扶植的企业和特殊困难户居住（具体规定另行制定）。按成本（包括地面建筑和土地开发费）加一定利润计价出售。回收的资金以及盈利，可作为建房基金，由房管局统筹安排，用于扩大住房建设规模。微利商品房的建设可以调动政府、企业和个人三方面的积极性，利用多方力量，采取多种形式进行（参见 1989 年《深圳经济特区居屋发展纲要》）。

价商品房，是由政府部门（住房主管部门）和各机关事业单位投资建设并出售给员工的住房。此时的安居房，即福利价商品房和微利商品房，可以认为是市场化环境下深圳市最早的保障性住房。1995 年国家安居工程启动，深圳的福利价商品房和微利商品房均称为安居房（深圳市人民政府住房制度改革办公室、深圳市国土资源和房产管理局，2005：164）。

根据《深圳房地产年鉴 2005》（《深圳房地产年鉴》编辑委员会，2005），1988～2004 年深圳市和各区住房主管部门共销售安居房 59915套（见图 3-3），建筑面积 816.7 万平方米。根据其他相关数据，1988～2004 年，深圳市共完成 1715 万平方米的安居房、经济适用房建设（陈霭贫，2017：50）。1988～2004 年，深圳市竣工住宅建筑面积为 6989.1 万平方米（深圳市统计局、国家统计局深圳调查队，2018）。就新增住房的建设筹集而言，政府主管部门供应的安居房占新增住宅总量的 24.5%。如果将深圳这一时期的既有存量住房考虑进来，则新增的安居房供应量占住房总量的比重较低。

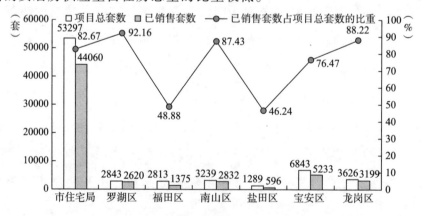

图 3-3　1988～2004 年深圳市和各区住房主管部门销售的安居房总量

资料来源：《深圳房地产年鉴》编辑委员会，2005；深圳市人民政府住房制度改革办公室、深圳市国土资源和房产管理局，2005。

3.2.1.2　安居房的主要目标群体

《深圳经济特区居屋发展纲要》（1989）明确提出，发展福利房商品房，解决"党政机关、事业单位职工居住问题"；"建设微利房来解决社会缺房阶层的住房问题"（深圳市人民政府住房制度改革办公室、深圳市国土资源和房产管理局，2005：51）。

关于安居房的供应对象是否要进行调整，当时的一些主要会议有所讨论。根据1998年国务院房改文件精神，深圳市领导、房改相关负责人、专家、建设部相关官员等于2002年6月12~13日，召开了"深圳市深化住房制度改革座谈会"（深圳市人民政府住房制度改革办公室、深圳市国土资源和房产管理局，2005：476），对社会微利房的供应对象，是否应"扩大到持暂住证、人才证的人口"等群体进行探讨（深圳市人民政府住房制度改革办公室、深圳市国土资源和房产管理局，2005：477、498）。2002年的相关讨论，不仅涉及安居房的供应对象是否需要调整等问题，也涉及其未来发展问题，如是否有必要继续存在（深圳市人民政府住房制度改革办公室、深圳市国土资源和房产管理局，2005：489、505）。但是总体上，这一时期安居房的供应对象并未做出大的政策方面调整。可以发现，对保障性住房的分配对象，虽然国家层面有一些原则性的指导方针和要求，但是各地结合自身的实际情况，进行相应的变通和调整，是我国市场化改革中向下放权的体现，这一思路在深圳市场化背景下的保障性住房发展之初，即贯穿其中。

3.2.1.3　安居房"上市交易"：促进商品房市场发展

1999年《深圳市国家机关事业单位住房制度改革若干规定》（深圳市人民政府第88号令）发布，根据该规定，自2000年1月1日起，购房职工按规定补交全成本微利差价及税费后，便可拥有所购安居房的全部产权，可以让安居房进入市场交易；职工新购的安居房按不低于全成本微利价执行。2001 年，深圳市第一个安居房上市的交易完成，即"绿转红"（安居房房产证为绿色，商品房为红色），深圳市"18 万套安居房的上市也将从此驶入快车道"（若谷，2001）。"解决安居房的产权为这一阶段深圳房改的核心议题"（深圳市人民政府住房制度改革办公室、深圳市国土资源和房产管理局，2005：48）。安居房上市，则是房改的最后一步，意味着安居房"促进住房商品化"的价值得以实现。

深圳的城市发展历史相对较短，因此在住房制度改革初期，困扰许多大城市的存量公房出售问题，以及学界关于公房出售-房改问题的探讨等，并没有在深圳引起广泛关注。因为深圳仅用一年的时间即完成了存量旧公房的出售（1988~1989 年）。在这种情况下，深圳市在政府主导下进行较大规模的安居房建设，以新建住房来推动住房商品化，成为必然选择。

此后，随着住房建设成本的上涨，以及土地资源的紧缺，担心建设安居房对商品房有挤出效应的观点开始出现（深圳市人民政府住房制度改革办公室、深圳市国土资源和房产管理局，2005：144），加之后期安居房建设也遇到一些问题（深圳市人民政府住房制度改革办公室、深圳市国土资源和房产管理局，2005：168），因而，在完成了阶段使命后，深圳的安居房逐渐退出历史舞台。

3.2.2 2003~2006 年：保障性住房体系发展的相对"停滞期"

2000 年以后，我国房地产市场迎来快速发展期。在国家层面，保障性住房体系由早期的"大众"模式逐渐向"剩余"转变。虽然在政策方面，以经济适用房和廉租房为主的保障性住房体系依然存在，但是在地方层面的具体实践中，商品房的快速发展，导致保障性住房的供应在很大程度上被忽视，几乎处于停滞不前状态。本节从深圳市保障性住房发展政策的转换、供应规模及供应对象等方面进行梳理和解释。

3.2.2.1 从安居房到经济适用房：保障性住房政策标签的转换

1998 年《国务院关于进一步深化城镇住房制度改革加快住房建设的通知》（国发〔1998〕23 号）发布，国家宣布建立新的住房体系、停止计划经济时期住房实物分配的同时，明确建立以经济适用房和廉租房为主的保障性住房体系。但是，随着国发〔1998〕23 号文发布，经济适用房的角色和定位发生转变，从"面向广大中等收入群体"的具有保障性质的商品性住房变为"面向中低收入群体"的保障性住房，这是国家层面保障性住房体系由"大众模式"向"剩余模式"转变的关键节点。

在深圳，从安居房到经济适用房政策的过渡，在时间线上具有模糊性。首先，深圳市关于停止住房实物分配的房改文件到 2003 年才发布，即《深圳市机关事业单位住房分配货币化改革实施方案》（深府〔2003〕104 号），同时该文件宣布"建立和完善以低收入家庭和'双困'家庭为保障重点的住房保障制度"：经济适用房制度和廉租房制度。其次，根据深圳的官方统计刊物，尤其是《深圳房地产年鉴》，2004 年及之前的统计均为微利商品房和福利价商品房，即安居房，从 2005 年起开始以经济适用房的名义统计这些住房。然后，根据一些学者的观点，"1993 年深圳市按照国家有关规定，将社会微利房调整为经济适用房"（陈霭贫，2017）。最后，根据深圳市官方文件，深圳于 1990 年 12 月推出第一批面向深圳市户籍社会缺房户的社会微利房，这是最早的经济适用房雏形（深圳市人民政府住房制度改革办公室、深圳市国土资源和房产管理局，2005：480）。时间线上的模糊性一方面体现出政策衔接的复杂和曲折，另一方面也表现出这一时期，深圳在保障性住房角色和定位方面的模糊性。

3.2.2.2　保障性住房建设发展的相对"停滞期"

从政策层面而言，按照深府〔2003〕104 号文，深圳建立起了以经济适用房和廉租房为主的保障性住房体系。这一时期深圳房改的重点转变为：全面推行住房分配货币化的同时，组织和实施住房保障政策（深圳市人民政府住房制度改革办公室、深圳市国土资源和房产管理局，2005：474）。在现实中，在面向低收入群体的经济适用房供应方面，根据相关数据，2003 年深圳市经济适用房销售面积为 14.56 万平方米，解决了 1645 户中低收入家庭的住房问题，约占当年申购经济适用房家庭数的 57.87%（深圳市人民政府住房制度改革办公室、深圳市国土资源和房产管理局，2005：508）。

在廉租房方面，自深府〔2003〕104 号文提出建立廉租房的保障制度，到 2007 年之前，深圳的廉租房以货币补贴为主，无实物配租（深圳市人民政府住房制度改革办公室、深圳市国土资源和房产管理局，2005）。根据相关数据，至 2006 年 9 月底，全市低保户有 5061户，而其中享受廉租住房以及住房救助的不足 40%（陈霭贫，2017）。

3.2.3　2007～2010 年：面向深圳户籍低收入家庭的"剩余型"保障性住房体系

国发〔2007〕24 号文要求"以城市低收入家庭为对象，进一步建立健全城市廉租住房制度，改进和规范经济适用住房制度"，并要求"2007 年底前，所有设区的城市要对符合规定住房困难条件、申请廉租住房租赁补贴的城市低保家庭基本做到应保尽保"。同时，该文件首提"住房保障纳入政绩考核"。2007～2010 年，深圳市从政策完善、制度建构及具体实践方面不断推动其保障性住房体系的发展。本节从保障性住房类型、计划供应规模和实际供应规模以及供应对象等方面，展开关于这一时期深圳市保障性住房体系的论述。

3.2.3.1　保障性住房政策体系的再确立：廉租房、公租房和经济适用房

保障性住房的政策体系在这一时期得到完善并不断发展。依据国发〔2007〕24 号文的要求，深圳市于 2007 年 12 月 6 日发布《深圳市人民政府关于进一步促进我市住房保障工作的若干意见》（深府〔2007〕262 号），开始明确深圳市计划建立什么样的住房保障体系，即"充分考虑低收入居民家庭的经济承受能力，构建与城市财力和土地资源承载能力相适应，与产业政策和人口政策相衔接，与经济发展和社会保障的整体水平相协调，符合本市实际的住房保障体系"。根据该文件，深圳市计划"建立健全面向不同层次低收入户籍居民家庭为主体的廉租住房、公共租赁住房、经济适用住房等保障性住房制度"。2007 年，深圳首提公共租赁住房类型（陈霭贫，2017）。根据《经济适用住房管理办法》（建住房〔2007〕258 号）、《廉租住房保障办法》（建设部令第 162 号），结合深圳市实际情况，2008 年 1 月 18 日，《深圳市国土资源和房产管理局关于印发深圳市公共租赁住房管理暂行办法的通知》（深国房〔2008〕36 号）、《深圳市国土资源和房产管理局关于印发深圳市经济适用住房管理暂行办法的通知》（深国房〔2008〕37 号）和《深圳市国土资源和房产管理局关于印发深圳市廉租住房保障管理办法的通知》（深国房〔2008〕38 号）同时发布，深圳市公租房、廉租房和经济适用房的政策体系逐渐规范化。深圳的特区立法权具有"先行先试"的特征，因此，在全国尚未出台保障性住房法的情况下，《深圳市保障性住房条例》于 2010 年 3 月 31 日经广东省第十一届人民代表大会常务委员会第十八次会议批准，自 2010 年 7 月 1 日起实施，探索将住房保障法制化。

3.2.3.2　计划供应规模：2007~2010 年

根据 2006 年 5 月《国务院办公厅转发建设部等部门关于调整住

房供应结构稳定住房价格意见的通知》（国办发〔2006〕37 号），
"各级城市（包括县城）人民政府要编制住房建设规划"。2006~2010
年，我国各城市先后编制了 3 轮住房建设规划，规划期限分别为 2006~
2010 年、2008~2012 年和 2010~2012 年（焦怡雪，2018a）。虽然住
房建设规划的"审查、备案、评估"等相关制度仍需完善，住房规划
编制与实施的部门由于权限有限，也无法对住房建设进行相应的调
控，因而导致"住房建设规划编完后更多停留在理论层面"（焦怡
雪，2018a）。但是，我们依然可以根据住房建设规划中关于保障性住
房建设规模的计划，来探寻城市政府进行保障性住房体系建设的预期
目标。

在计划供应规模方面，根据《深圳市住房建设规划（2006—
2010）》，深圳市计划供应保障性住房 14 万套。在具体实践中，根据
深圳市房地产市场发展现状和住房保障工作要求，2006~2010 年各年
度实施计划对保障性住房计划供应规模进行调整，从 14 万套调整到
16.77 万套［《深圳市住房建设规划（2011—2015）》］。

在实际供应成效方面，根据《深圳市住房建设规划（2011—
2015）》对"十一五"保障性住房建设的回顾：①用地供应方面，
截至 2010 年底，保障性住房建设用地实际新供应 2.45 平方公里，完
成规划目标的 122.5%（同期全市实际新供应住房用地 8.07 平方公
里，其中新供应商品住房用地 5.62 平方公里）；②保障性住房建设方
面，"至 2010 年底，保障性住房建设和筹集 16.9 万套，其中，已开
工 7.9 万套。实际分配 8209 套，实现了对户籍低保家庭应保尽保"。

3.2.4 2011~2020 年：保障性住房体系的"发展型"转向

从 2011 年起，深圳市保障性住房体系在政策和制度设计、供应
规模以及供应的对象群体等方面有了进一步发展和完善，进而呈现

"发展型"特征。本节也主要从这些方面展开论述。

3.2.4.1　以公租房和安居型商品房为主的"租售并举"保障性住房政策体系

2012 年 2 月《广东省住房保障制度改革创新方案》发布，提出"到'十二五'期末，全省保障性住房覆盖面达到 20% 左右，力争使城镇中等偏下和低收入家庭住房困难问题得到基本解决，新就业职工住房困难问题得到有效缓解，外来务工人员居住条件得到明显改善"。为实现该目标，方案提出"建立以公共租赁住房为主要保障方式的新型住房保障制度"。同时，该方案明确，"除已批准立项的项目外，暂停新建经济适用住房，将其供应对象纳入公租房供应范围"。

2012 年 12 月 26 日《深圳市住房保障制度改革创新纲要》（深府〔2012〕145 号）发布，指出深圳市住房制度改革创新的基本思路为：①保障对象从户籍低收入家庭扩大到户籍无房家庭，以安居型商品房、公共租赁住房解决户籍无房家庭住房困难；②保障范围从户籍住房困难家庭向非户籍住房困难人才家庭延伸，以公共租赁住房、租房补贴解决非户籍人才家庭住房困难。在住房所有权类型方面，不同于广东省层面倡导的以"租"为主的保障体系，深圳市计划建立和完善"租售补"相结合的保障方式："建立和完善以公共租赁住房和安居型商品房为主，以货币补贴为重要补充的住房保障方式，合理确定'租售补'比例关系。"同时"探索租售转换机制，缓解保障性住房建设资金压力"。在产权型保障性住房的发展方面，该方案响应省里号召，提出"减少直至停止经济适用住房建设供应，逐步建立安居型商品房配售体系"。在实践方面，自 2014 年起，深圳新开工保障性住房项目不再有经济适用房。深圳以公租房（出租型）和安居型商品房（出售型）为主的保障性住房体系逐步确立。

2018 年 8 月 9 日，《深圳市人民政府关于深化住房制度改革加快建立多主体供给多渠道保障租购并举的住房供应与保障体系的意见》（深府规〔2018〕13 号）发布，旨在新时期"住房不炒"的理念下，"加快建立多主体供给、多渠道保障、租购并举的住房制度"，构建深圳面向 2035 年的住房供应和保障性住房体系。

3.2.4.2 "人才住房"的兴起及发展：公租房和安居型商品房的"定向分配"

2010 年发布的《深圳市保障性住房条例》指出，"对本市经济社会发展需要的各类专业人才以及在本市连续缴纳社会保险费达到一定年限的非本市户籍常住人员，市人民政府可以根据经济社会发展状况和财政承受能力，合理设定条件，逐步纳入住房保障范围"。从这一时期开始，深圳市尝试从政策维度，将人才纳入住房保障范围。《深圳市人才安居暂行办法》（深圳市人民政府令第 229 号）于 2011 年 4 月 11 日发布，对人才安居的标准，申请的受理、审核、分配及监管进行了明确。同时指出，人才安居实行实物配置和货币补贴两种方式。实物配置包括免租住房、产权赠与、租住公共租赁住房和购买安居型商品房等形式。

在实践中，通过将公租房和安居型商品房向人才群体"定向分配"，实现人才房的实际供应。在公租房面向人才群体"定向配租"方面，2014 年 12 月 1 日《深圳市人才安居办法》（深圳市人民政府令第 273 号）发布，补充完善了"公租房通过个人轮候、重点企事业单位定向配租（售）等方式面向人才出租"的相关规定。人才作为深圳保障性住房体系中的一个特殊群体，通过定向配租的方式，在政策和制度设计上得到一定程度的"优待"，这也是深圳的保障性住房体系呈现"发展型"特征的一个主要表现。

2010 年 5 月 14 日，《中共深圳市委 深圳市人民政府关于实施人才安居工程的决定》发布，指出"在现有廉租住房、经济适用住房、公共租赁住房等保障性住房基础上，推出面向人才和户籍中低收入家庭的安居型商品房"。在安居型商品房的建设和规划方面，该决定指出，"从 2010 年开始，启动安居型商品房建设，每年对全市新供商品房用地和城市更新项目进行统筹，总量上配建不低于商品住房总建筑面积 30% 的安居型商品房"，且"安居型商品房用作人才安居住房的比例不低于 60%"。安居型商品房政策在 2011 年 4 月 11 日发布的《深圳市安居型商品房建设和管理暂行办法》（深圳市人民政府令第 228 号）中得到了进一步的细化落实。根据该办法，安居型商品房"是指政府提供政策优惠，限定套型面积、销售价格和转让年限，按照规定标准，主要采取市场化运作方式筹集、建设，面向符合条件的家庭、单身居民配售的具有保障性质的住房"。安居型商品房是深圳在全国的首创，旨在解决既不符合经济适用房及廉租房申请条件，又无力购房的"夹心层"及人才的住房需求。

3.2.4.3　供应规模：2011～2020 年

"十一五"时期，深圳计划供应 16.9 万套保障性住房。在此基础上，深圳市保障性住房的计划供应规模从"十二五"时期到"十三五"时期持续扩大。具体而言，"十二五"时期计划供应保障性住房 24.62 万套，"十三五"时期计划供应保障性住房 40 万套（见图 3-4）。"十二五"期间，深圳保障性住房的计划供应规模，主要受国家自上而下下达的保障性住房建设任务影响；而到"十三五"时期，国家不再下达保障性住房的建设任务，深圳市保障性住房体系开始面向"人才群体"。因而，相比"十二五"期间，深圳市"十三五"期间保障性住房的计划供应规模持续扩大。

2018 年 8 月 9 日发布《深圳市人民政府关于深化住房制度改革加快建立多主体供给多渠道保障租购并举的住房供应与保障体系的意见》（深府规〔2018〕13 号），这被称为深圳历史上的"二次房改"。

根据该文件，深圳计划到 2035 年供应 170 万套住房，"人才住房、安居型商品房和公共租赁住房总量不少于 100 万套"。

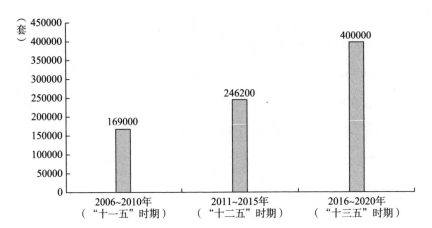

图 3-4　2006～2020 年深圳市计划建设保障性住房总量变化情况

资料来源：根据《深圳市住房建设规划（2006—2010）》《深圳市住房建设规划（2008—2012）》《深圳市住房保障发展规划（2011—2015）》《深圳市住房保障发展规划（2016—2020）》等材料整理。

根据 2018～2035 年深圳保障性住房的计划供应规模，以及深圳市住房总量情况，全部建成后，保障性住房占全部住房总量的比重约为16.75%。可以发现，虽然深圳自 2011 年（"十二五"）以来保障性住房扩大供应规模，但在预期建设目标实现后，深圳市保障性住房占住房总量的比重仍然不足 20%，即早期住房市场化的快速推进导致保障性住房供应的相对总量和绝对总量均呈现不足，短期内大规模地增加供应旨在"弥补"这种不足。

在实际供应成效方面，自 2012 年起深圳的保障性住房项目纷纷进入竣工验收期，相应地，年度保障性住房分配的总量也逐渐增加。通过对官方数据的整合，2012～2019 年是深圳保障性住房大规模建成的时期，保障性住房年度分配规模总体上持续扩大，总供应规模达到约 27 万套（见表 3-1）。这一方面是深圳市保障性住房大规模建设的结果；另一方面也给保障性住房的分配和管理等环节带来诸多挑战。

表 3-1 2012~2019 年深圳市实际供应保障性住房情况

单位：万套

年份	实际供应（分配）				其他
	总量	经济适用房	公租房	安居型商品房	
2012	2.39	0.18	1.44	0.41	0.36
2013	2.76	0.1	0.79	1.14	0.67
2014	3.11	0.0408	1.89	0.49	0.69
2015	2.14	0	1.65	0.35	0.14
2016	4.20	0	2.80	0.89	0.5
2017	4.60	0	3.4	0.26	0.95
2018	4.63	0	2.1	0.5	2.04
2019	3.53	0	0.73	0.17	2.62
合计	27.38				

资料来源：根据深圳市住房建设年度计划相关材料整理。

3.3 深圳保障性住房体系变迁的
动力机制：结构分析视角

基于前文对深圳市 1988 年至今保障性住房体系发展变化历程的分析，本节从结构分析的视角，对深圳市保障性住房体系变迁的动力进行剖析。借鉴西方文献中用住房体制（housing regime）解释住房体系（housing system）的思路，即通过对住房发展相关利益主体的权力关系进行结构分析，来解释住房体系变化的原因和动机。西方文献中多关注政党结构、非营利机构、市场力量等对决策有影响力的团体，及其相互之间的游说、博弈等，来分析住房体系的形成和变化。在我国，传统上的政策制定和决策由政府掌控，而中央政府和地方政府在政策和制度建构方面的不同角色，在很大程度上影响地方保障性住房体系的发展。因而，在我国当前的行政制度背景下，本节关注中央政府和地方政府在深圳市保障性住房体系建构方面的影响与作用。

此外，结构分析虽然提供了一种分析的框架和思路，但是往往需要与其他解释性的理论概念相结合使用，以加大对实证的解释力度。结合深圳市保障性住房体系发展的不同阶段特征，本节引入"行政发包制"理论（周黎安，2017）和我国城市研究中的"发展型地方政府"（Zhu，2004）概念，来分别解释中央政府与地方政府在保障性住房体系建构方面的角色和作用。"行政发包制"是对我国中央政府和地方政府间关系的一种理论化解释。具体而言，在行政权的配置方面，中央政府作为发包方，拥有人事控制权、检察权、指导权等正式的权威。在经济激励方面，地方政府面临"强激励"（指承包方获得的报酬与其所创造的"收入"-"成果"之间的强相关关系）和"剩余索取权"（对利润或剩余收入的实际占有权）。而地方政府作为承包方，拥有较大的"自由裁量权"。行政发包制的"财政（预算）包干制"意味着，发包方给予承包方有限的资金支持，但会授予承包方很大的自由裁量权去创造收入，来完成所发包的任务。本节将该理论运用于解释中央政府以政绩考核的方式，向地方政府下达保障性住房建设的"任务包"时，地方政府的应对和作为。用"发展型地方政府"概念，来解释中央政府不再分配保障性住房建设任务指标时，地方政府基于自身"需求"，从促进经济发展的角度，对保障性住房体系进行建构。

具体而言，通过对政策文件、政府发言、已有关于保障性住房和地方政府相关部门的访谈等信息解读，来理解保障性住房供应中的中央政府和地方政府的角色，揭示中央政府和地方政府在深圳市保障性住房体系形成和发展过程中发挥的作用。

3.3.1　央地目标一致，地方积极推动安居房实践（1988～2002 年）

3.3.1.1　中央政府明确住房商品化的目标并鼓励地方探索

20 世纪 80 年代，面对计划经济体制下福利住房体系的沉重负担，中央政府迫切需要通过地方的自主探索，摸索出一条住房商品化道路。具体以 1980 年邓小平关于住房问题的讲话为起点。[①] 此外，这一时期强调的"中央和地方"两个积极性，是新中国成立以来我国纵向政府间关系发展的一个方针原则（参见周黎安，2017）。改革开放后，中央向地方放权，调动地方政府积极性成为改革开放的主旋律。地方政府也相应拥有更多的自主权去探索、实践新的路径、方法。

3.3.1.2　地方政府积极推动安居房实践，以促进住房商品化

1980 年深圳经济特区成立，在住房改革方面，与全国其他城市相比，年轻的深圳特区没有数量庞大的旧公有住房，因而深圳房改的重点不在于出售旧公有住房，而在于新建住房部分的政策和制度建构。1988～2002 年的安居房政策，即深圳市基于自身发展情况的探索，其主要目的在于通过一定的补贴（折扣），来促进居民买房，通过住房"政府-企业-个人"三者共担的原则，减轻计划经济时期政府"建房-租房-维护"的财政负担（深圳市人民政府住房制度改革办公室、深圳市国土资源和房产管理局，2005）。在这一原则指引下，深圳市建立起"双轨多价制"住房体系（见图 3-5）。

---

① 许蕾：《政策演进 住房制度体系再优化》，http://house.people.com.cn/n1/2018/1228/c164220-30492804.html，最后访问日期：2024 年 11 月 5 日。

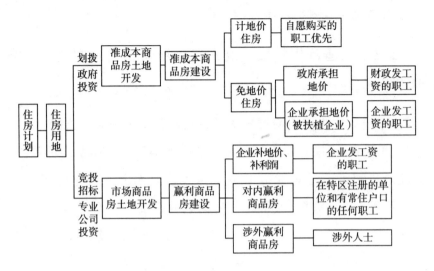

图 3-5　深圳"双轨多价制"住房体系

资料来源：根据深圳市人民政府住房制度改革办公室、深圳市国土资源和房产管理局（2005）相关材料整理。

在这一模式下，深圳市住宅局成为安居房建设的主体，虽然这一时期安居房的建设也有企业和单位参与。总体而言，通过安居房政策，深圳探索出了住宅投入产出的良性循环，在一定程度上走通了一条"建房-卖房"的资金良性循环路径。也正是基于此，深圳的房改在这一时期被认为是成功的，且得到了国家（当时正积极寻求各地住宅商品化的成功经验）的肯定和推广。1995 年，国家安居工程计划开始实施。其中深圳的地方经验有很大作用。这从当时深圳与中央在住房商品化改革方面的交流以及各种住宅会议上深圳经验的发表（深圳市人民政府住房制度改革办公室、深圳市国土资源和房产管理局，2005）等可以看出。截至 1997 年上半年，深圳市住宅局共兴建福利价商品房 19091 套、微利商品房 16697 套，全市人均居住面积达到 14.2 平方米（深圳市人民政府住房制度改革办公室、深圳市国土资源和房产管理局，2005）。深圳市住宅局也因住宅方面的显著成效而被联合国人居署授予人居环境奖。这一时期深圳市住宅局、各区住建部门以及企业和事业单位等建设的安居房总量约有 18 万套。

根据预期目标，深圳安居房的最终目的是上市交易、促进住房"商品化"。因此，深圳市政府于 2000 年启动安居房上市，以充实二手商品房市场。首先，就促进住房制度改革、建立商品化住房体系而言，深圳市安居房政策是成功的，特别是安居房的成功上市。其次，从政府作为建设投资主体，实现住房建设资金的良性循环角度而言，深圳的安居房政策也是成功的。最后，在促进住房自有，鼓励居民买房方面，安居房政策也是成功的，即完成了住房投入的"社会化"。

这一时期地方政府和中央政府在住房方面的目标一致，即实现住房商品化。因为住房商品化是一种探索性实践，成功和失败均有可能。一方面，探索性的工作均默认有一定的自由度空间，中央政府不会因探索性的工作出现部分偏差而实施人事任免权、监督惩罚权等；另一方面，地方政府在进行探索的同时，在有很大的社会风险时会及时停止。而如果探索的结果令人满意，地方官员有可能获得晋升，因而面临一定的晋升激励。深圳的安居房政策，得到了中央的肯定和支持，被推广到全国并继续影响着后面的住房商品化改革。这一时期的安居房政策，更多的是深圳市政府"渐进式"推进住房商品化的一种试验。在这一过程中，中央政府和地方政府的目标都是明确的。在这个由安居房构成的话语体系中，住房保障是被相对忽视的词，这也是由我国住房制度转轨阶段的历史独特性决定的。

3.3.2 地方保障性住房建设动力不足（2003～2006 年）

在国家层面，我国的住房市场化改革起步于 1980 年，经过十多年的探索，于 1998 年宣布停止住房实物分配，计划建立以经济适用房和廉租房为主的"大众模式"的保障性住房政策体系。但是到2003年，随着国发〔2003〕18号文的发布，我国确立起以商品化为主的市场化住房体系，这意味着大众模式被放弃。具体表现为，1998年房改文件明确提出停止住房实物分配，全面深入推进住房市场化，此时旨在建立以商品房、经济适用房和廉租房为主的多层次住房体系。其中商品房面向高收入群体，经济适用房面向广大的中低收入家庭，而廉租房面向最低收入家庭。但是自2003年起，积极促进房地产市场发展，成为我国住房供应体系发展的转折点。具体表现为，在国发〔2003〕18号文中，商品房和经济适用房的定位被重新调整。商品房作为住房供应体系的主体，面向广泛的社会大众。而经济适用房被调整为面向低收入家庭，廉租房面向最低收入家庭。也是自2003年起，在国家支持下，我国房地产市场得以快速发展。虽然从政策层面建构起经济适用房和廉租房的保障性住房体系，但是实际供应有限。

在地方层面，一方面，经济适用房由住房供应主体转向具有保障性质、面向少数群体的保障性住房，这种短期内中央政策的较大变动，很难给予地方"积极供应保障性住房"的明确信号；另一方面，分税制改革以及公共服务等大量事权下放，使地方政府面临财政负担。而土地出让金成为地方政府重要的收入来源。保障性住房的建设用地，多以划拨方式供应，不仅无法增加土地出让收入，还需要额外投入资金、人力等成本，进行保障性住房的建设，以及后期的维护管理等。因而，在国家并无强制要求、社会对保障性住房需求的矛盾也并未凸显的背景下，地方政府并未有进行保障性住房建设的积极主动性。

这一阶段，深圳关于保障性住房的定位也较为模糊。深府〔2003〕104号文提出建立以经济适用房和廉租房为主的住房保障体系，但这一时期的廉租房以租赁补贴为主，无实物建成，而经济适用房的发展也困境重重。在政策设计方面，经济适用房与之前的安居房具有相似性。因此，在国家层面积极倡导发展经济适用房的大背景下，深圳市期望经济适用房起到过渡作用，即在分配对象上，分配给原来机关事业单位内群体和城市户籍的低收入家庭。在现实中，政府更多地将重点放在经济转型和城市发展上。在保障性住房的供应上，多是以前已批的安居房项目，临时转成经济适用房项目。其中存在的问题在于，早期的安居房项目并没有对户型做出明确的限制。而经济适用房则有明确的户型面积大小限制。在这种情况下，多数保障性住房建设项目的户型偏大，政府不得不将部分能改造成小户型的住房项目公开分配给低收入家庭，而给原来机关事业单位内的公务员家庭（最后一批安居房资格获得者）分配了面积较大的经济适用房。这种由于政策衔接不得当而出现的分配难题，也是保障性住房体系发展的"相对停滞"期政策和供应规模都相对停滞的一种表现。

3.3.3　中央严格管控，地方积极扮演保障性住房体系的"安全网"角色（2007~2010 年）

2003 年后全国房价上涨。自 2007 年起，国务院发文要求各地建立以廉租房和经济适用房为主的住房保障体系，并要求地方政府在向人大做《政府工作报告》时，汇报住房保障体系完成情况，且提出将结果纳入政绩考核。从行政发包制的角度讲，这相当于中央政府给地方政府发包了一个任务，且与以前不同的是，中央政府开始执行其监督惩罚权和人事任免权，通过这些权力的行使督促地方政府完成保障性住房建设的任务。

深圳市政府自 2007 年开始，通过政策和制度建构、大规模地推进保障性住房建设，以及将城市户籍中低收入群体纳入保障范围等方式，积极扮演保障性住房体系的"安全网"角色。首先，根据 2007 年 9 月 3 日深圳市人民政府办公厅发布的《关于印发 2007 年深圳市户籍住房困难家庭情况普查工作方案的通知》，深圳于 2007 年进行了户籍低收入家庭的调查，并计划于"十一五"时期做到户籍低收入家庭"应保尽保"。"根据 2007 年我市户籍住房困难家庭情况普查，全市共有住房困难家庭 5.78 万户。……当年可供应 6006 套保障性住房解决 0.6 万户家庭住房困难。至 2007 年底，全市仍有 5.18 万户住房困难家庭。"[《广东省深圳市人民政府关于印发〈深圳市住房保障发展规划〉的通知》（深府〔2007〕271 号）]。根据这一现状，"预计户籍家庭保障性住房需求，2008 年为 5.7 万套，2009 年为 4.49 万套，2010 年为 2.46 万套"[《广东省深圳市人民政府关于印发〈深圳市住房保障发展规划〉的通知》（深府〔2007〕271 号）]。可以看出，在国家的政策要求下，这一时期深圳的保障性住房实践更多的是补历史欠账，旨在对城市户籍的低收入家庭实现"应保尽保"。其次，这一时期深圳相继发布了廉租房、公租房和经济适用房的管理办法，从政策和制度层面确立了保障性住房体系的政策框架。最后，在积极推进保障性住房建设方面，深圳这一时期新开工保障性住房远远超过历史水平。但是在具体实践中，由于建设过程本身需要一个较长的周期，因而这一时期实际分配的保障性住房数量有限，在规模和供应成效方面，保障性住房体系呈现"剩余型"特征。

3.3.4　中央放松管控，地方积极推动保障性住房体系的"发展型"转向（2011~2020 年）

进入"十二五"时期，国家进一步细化保障性住房供应的任务，即"十二五"期间全国城镇建设 3600 万套的目标，并在国家层面将其逐年分解，每年跟地方政府签订住房保障目标责任书，如 2011 年住建部与各省级政府签订 1000 万套保障性住房建设的目标责任书，通过用行政命令的方式，强化监督、结果审计和考核，以保证各地能够完成保障性住房的建设筹集任务。广东省自 2009 年开始，层层建立住房保障工作目标责任制度，对没完成任务的政府负责人进行问责。事实也证明，至少在数量上，通过强化监督考核权的保障性住房任务发包，完成效果显著。

从国家层面来讲，虽然地方政府如期按要求，至少在数量方面，完成了"十二五"时期保障性住房建设筹集的任务，但是短期激进式的大规模保障性住房建设产生了一些问题，如在大城市郊区便宜地块上建设大规模的保障性住房社区，所产生的社会隔离等问题；自上而下的指标层层分包，未能考虑城市规模和层级的差异，导致一些中小城镇或三、四线城市建成的保障性住房长期空置，而大城市保障性住房供不应求等。此外，中央虽然安排了强化版本的监督考核权，但由于现实情况复杂，往往很难达到预期效果。进入"十三五"时期，中央不再下达保障性住房建设的任务指标，而是让各地各自评估保障性住房需求，制定相应的供应规模和计划，并具体实施。这种照顾各地差异的做法避免了自上而下指标层层分派的弊端，也给予各地更多的自主权，去构建各自适合的保障性住房体系。

"十二五"期间，中央政府以政绩考核的方式，对地方政府保障性住房建设情况进行督促。由于深圳市人口结构的倒挂现实，深圳已经在"十一五"期末对城市户籍的低收入住房困难家庭应保尽保。因而，面对中央下达的保障性住房建设筹集任务，以及深圳户籍和非户籍人口结构的倒挂情况，深圳市政府在建构保障性住房体系的时候对人才群体的保障需求给予充分关注。可以认为，将人才纳入保障性住房体系，将非深圳户籍的外来务工人员部分地纳入保障性住房体系，是"十二五"期间国家以行政命令下达保障性住房建设任务的情况下，深圳市对本市户籍的低收入住房困难家庭实施应保尽保后的现实选择。

在深圳，就宏观层面而言，人才对经济和城市发展的重要性不言而喻。具体而言，人才对企业的可持续发展至关重要。如果说改革开放早期，各地招商引资的主要手段为土地、税收等方面的优惠，那么在深圳当前的市场环境下，面对高昂的商品房价格，人才住房对人才的吸引力不言而喻，进而对企业的发展至关重要。可以认为，积极发展人才住房，宏观上是深圳建设创新城市、全球标杆城市，实现经济和城市健康可持续发展的关键；落到具体操作层面，面向企业定向配租人才住房，成为深圳积极引进各种高精尖、高附加值产业企业的重要手段。人才住房，不仅吸引各类人才，也积极扶持各类企业发展，是深圳市积极引导保障性住房体系向"发展型"转型的一个主要动因。这可以从深圳市级每年更新的人才安居重点企业名录以及各区的重点企事业单位名录看出。以《深圳市人才安居重点企事业单位遴选条件及名录（2015年）》为例，深圳市政府积极扶持发展的主导产业、重点科研院所、世界500强企业以及部分国企央企事业单位等对经济发展贡献度高的企业，为入选的主要标准。

在中央政府不再自上而下发包行政任务后，保障性住房建设筹集作为一项主要由地方财政支持的公共支出，各地会相应缩小其供应规模。而且"十三五"以来各地的实际情况也确实如此，各地纷纷减少保障性住房的供应量。但是在深圳，"十三五"期间保障性住房的计划供应规模持续增加，与全国大多数城市的选择截然相反。这说明，在保障性住房体系"发展型"转向的过程中，地方政府不再仅仅是满足中央政府提出的保障性住房建设筹集目标的考核要求，而是根据地方现实，积极塑造符合地方发展需求的保障性住房体系，积极寻求将人才群体纳入保障性住房体系。

　　深圳高房价带来的舆论以及潜在负面影响等问题亟待解决，这一认识在深圳已基本达成共识。通过对《深圳统计年鉴》中关于1998～2018年二手商品住宅平均交易价格的整理分析，可以发现，深圳的房价增长有几个关键的节点和时间段，2007年之前的平稳增长期，2007～2010年"万元/米²"阶段，以及2015～2016年快速爬升到53455元/米²的水平（见图3-6）。房价上涨所引发的社会舆论是我国房地产市场调控的直接原因之一。在深圳，2016年的房价快速攀升在互联网上引发一系列的公共舆论话题。一方面，国际货币基金组织（IMF）发布的2016年上半年全球城市房价收入比中，深圳以"38.36"位居"全球城市第一名"。这引发了后续公众和媒体等对深圳高房价的持续讨论。另一方面，随着华为等企业将总部或部分运营功能搬出深圳，关于深圳"高房价驱赶人才"等话题引发关注。①在此背景下，面对供应日益缩减的商品房，深圳市政府决心推进人才住房建设，以留住企业，留住人才，支持企业发展，促进城市经济增长。

　　此外，深圳市积极通过保障性住房体系的"发展型"转向，来支持企业和经济发展的另外一个原因在于，深圳市政府对双轨制的信赖。深圳早期（1988～2002年）的安居房建设是成功的，即形成"双轨多价制"的住房供求体系（张思平，2019）。此后，住房供应"双轨"变"单轨"，是深圳近年来房价上涨的一个重要原因。因而，重构住房体系的"双轨"制度，成为深圳保障性住房发展的长期着力点。

---

　　① 藏瑾：《当深圳的人才遇上深圳的高房价》，https://finance.sina.com.cn/roll/2016-04-25/doc-ifxrprek3198851.shtml，最后访问日期：2024年11月6日。

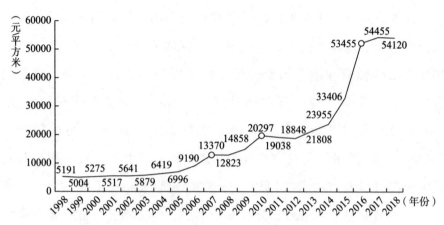

图 3-6　1998～2018 年深圳市二手商品住房平均交易价格

资料来源：深圳市统计局、国家统计局深圳调查队，2019a。

第 4 章

深圳市保障性住房建设筹集的三种主要模式

　　在中央和地方政府积极推动保障性住房体系发展的背景下，深圳市保障性住房供应面临的一个核心难题在于短期内大量建设住房。自2007年起，深圳市政府积极推动构建"多主体供给、多渠道保障"的保障性住房建设筹集渠道和模式创新的发展格局。本章以此为出发点，以结构分析的思路为指导，将深圳保障性住房建设筹集的模式分为三种：政府主导开发建设模式、国企主导开发建设模式和政企合作建设筹集模式。首先，对每一种模式的起源、发展背景和历程、建设成效进行概述。其次，通过对典型案例的剖析，从政府与市场互动的视角，讨论每种模式的主要参与者、行动主体关系、所调动的关键资源、相应的制度基础等特征。最后对每一种模式的发展历程、成效、特征及未来发展潜力进行评价性分析。

　　在我国大城市中，土地和资金为保障性住房供应的关键资源。在深圳，新增建设用地资源紧缺，但其经济发展势头强劲，土地，而不是资金，是影响深圳保障性住房供应的关键资源。而存量土地的再开发，受到各种各样制度和政策的约束，地方政府的大多数努力是为了盘活各种存量土地以及存量房屋资源，来完成保障性住房的建设筹集。

4.1 深圳市保障性住房建设筹集的三种模式概述

自 2007 年起，深圳市保障性住房发展快速推进，由于"时间紧任务重"，在这一时期的保障性住房建设筹集渠道中，除了政府直接建设外，各种渠道和建设的途径开始出现。进入"十二五"时期，由于土地资源紧缺，城市更新等存量土地成为住房建设用地的主要来源［《深圳市住房保障发展规划（2011—2015）》］。在此基础上，深圳逐步发展保障性住房建设筹集的"多主体供给、多渠道保障"（深府规〔2018〕13 号），即坚持"政府主导、市场运作"的原则，激活各种存量资源，激发市场等主体参与保障性住房建设的积极性［《深圳市住房保障发展规划（2016—2020）》］（见表 4-1）。

"多元化"的保障性住房建设筹集格局意味着：①在建设筹集主体方面，政府不再是唯一力量，而是逐渐动员各种社会和市场的主体参与其中；②在土地资源的整合方面，新增建设用地也不再是唯一渠道，而是各种存量建设用地，如城中村用地、旧工厂用地、旧住宅区用地、公共服务设施的上盖空间等得以被再次利用；③存量房源的盘活，由于现实中存量的用地整合存在较大的困难，且具有周期长、利益主体复杂的特征，近年来深圳逐渐探索将"非正规"的城中村住房进行适当的"改造"，赋予其"合法"的权限，以"公租房"的名义进行出租等。

表 4-1　深府规〔2018〕13 号文关于"多主体供给、多渠道保障"的规定

多主体供给：

1 以房地产开发企业为主，提供市场商品住房、安居型商品房

2 以住房租赁经营机构为主，提供各类长租公寓

3 以市、区政府（含新区管委会）为主，提供人才住房、安居型商品房和公共租赁住房

4 以人才住房专营机构为主，建设筹集人才住房、安居型商品房和公共租赁住房

5 支持社区股份合作公司和原村民，通过"城中村"综合整治和改造，提供各类符合规定的租赁住房

6 支持企事业单位利用符合规定的自有用地或自有用房，建设筹集人才住房、安居型商品房和公共租赁住房

7 支持各类金融机构，采取直接投资、融资等方式，建设筹集人才住房、安居型商品房和公共租赁住房

8 支持社会组织等各类主体，建设筹集具有公益性质的各类住房

多渠道保障：

1 增加建设用地，实施以公共交通为导向的住房开发模式，突出产城融合、职住平衡，在宝安、龙岗、龙华、坪山、光明和深汕特别合作区等区域建设大型安居社区

2 盘活存量用地，加大棚户区改造力度，推进已批未建用地、社会存量用地、征地返还用地等开发建设人才住房、安居型商品房和公共租赁住房

3 利用招拍挂商品住房用地、城市更新和产业园区等配建人才住房、安居型商品房和公共租赁住房

4 盘活各类存量用房，推进社会存量住房租购

5 实施公共设施综合开发，通过轨道交通车辆段和停车场、公交场站等城市基础设施和公共配套设施综合开发建设人才住房、安居型商品房和公共租赁住房

6 开展城际合作，落实粤港澳大湾区战略，推动建立都市圈城际住房合作机制，结合轨道交通和产业布局，在临深片区开发建设人才住房、安居型商品房和公共租赁住房

在政府主导开发建设模式（见表 4-2）中，政府以出地出资以及进行项目的开发决策等方式，主导项目进展。在政企合作建设筹集模式中，政府主要通过制定出一套完善的规则和利益分享机制，吸引企业参与到保障性住房的建设筹集中来。而国企主导开发建设模式，则

主要依托国企已经拥有的资源或地位，以及国企自身的企业运营和盈利能力，政府以下达命令的方式，辅以有限的资源支持。

表 4-2　深圳市保障性住房建设筹集的三种模式概览

三种模式	界定的核心标准	子类型	主要特点
政府主导开发建设模式	政府（机构或部门），出地出资（或公共财政），以开发主体的身份，进行开发建设活动	政府自建	政府投入大，但见效快，深圳保障性住房建设筹集的主要模式之一
		棚户区改造	深圳新探索的一种模式，基于几个试点项目摸索出一些经验，尚未全面制度化和可操作化。未来或可成为深圳保障性住房建设筹集的主要模式之一
国企主导开发建设模式	国有企业由于其地位和资源的优势，出地出资，以开发主体的身份，进行开发建设活动。政府以下达任务的方式，结合各种资源和制度的支持，指导国有企业的开发建设活动	地铁上盖等	政府投入少、见效快，深圳保障性住房建设筹集的主要模式之一
政企合作建设筹集模式	政府需要提供一套相对完善的规则或制度支持，来释放利好，或激活潜在的存量资源，支持企业参与保障性住房的建设筹集	城市更新配建	政府投入少，但由于城市更新周期长，且更新配建的保障性住房数量规模不等，因而见效慢
		工业用地改保障性住房	深圳新探索的一种模式，旨在释放部分工业用地，积极吸引企业参与。但由于利益分享机制尚未完全理顺，因而成效不显著。未来将是深圳保障性住房建设筹集的主要模式之一
		城中村住宅规模化租赁	深圳新探索的一种模式，基于几个试点项目摸索出一些经验，具有政府投入少、见效快的特点。但受城中村住宅产权以及有限租期的限制，不稳定

4.2　政府主导开发建设保障性住房

政府主导开发建设保障性住房，就政府的层级而言，包括市级政府开发建设和区级政府开发建设。就其他主体参与的情况而言，可以分为以下两种。①政府自建，即政府作为开发主体，开展开发建设活动。具体的开发建设和实际施工由市政府不同的职能部门参与，如住建局进行开发建设决策，建筑工务署进行施工建设。②政府组织、企业代建。企业作为代建方，只是赚取代建费，而具体建设项目的开发决策，仍然由政府来制定。需要指出的是，除了政府以新增用地的方式组织建设保障性住房，引入企业作为代建主体，深圳市还存在一种较具代表性的代建模式，即棚户区改造，"政府主导、国企实施"。因而，本书将政府自建，以及政府组织、企业代建等方式统称为政府主导开发建设模式。

此外，区级政府进行保障性住房建设，可以认为起始于 1988 年的安居房建设。近年来，随着深圳市保障性住房计划供应规模的持续增加，区级政府被以行政命令的方式分派了越来越多的保障性住房建设筹集任务，且在保障性住房建设筹集的完成情况方面，接受市政府的考核。但是，各区之间由于土地资源禀赋、经济产业发展情况以及保障性住房需求等差异较大，因而各区的保障性住房建设筹集方式也存在交易差异。由于篇幅有限，本节就不再对区级政府进行的保障性住房建设筹集活动进行专门论述，而只是在探讨其他类型的保障性住房建设筹集模式时，有区政府作为关键主体的情况，结合相应的模式给出具体的解释和说明。

4.2.1 政府建设的安居房和经济适用房 （1988~2006 年）

1988~2002 年安居房建设中，福利价商品房和微利商品房在土地供应方式和价格上存在一定差异，根据《深圳经济特区居屋发展纲要》（1989），福利价（准成本价）商品房以划拨方式供地，而微利商品房以协议地价为主，即包含一定金额的土地开发费用。在空间布局方面，这一时期深圳城市建设由起步进入快速发展期，住房建设活动集中在关内，市级政府建设的安居房小区多分布在城市的中心区域。在建设主体方面，深圳 1985 年成立的房地产管理局，及其后继者，即 1992 年成立的市住宅局，为安居房建设的主要负责机构。这一时期市级和区级政府共组织建设了 7 万多套安居房，其中市政府建设约 5.3 万套，主要分布在关内 F 区、N 区。政府主导开发建设保障性住房的行动主体关系结构如图 4-1 所示。

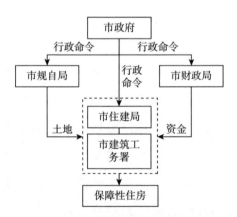

图 4-1 政府主导开发建设保障性住房的行动主体关系结构

以深府〔2003〕104 号文的出台为标志，深圳市积极转变政府职能，强化住房保障。同时，调整微利商品房的供应对象（深圳市人民政府住房制度改革办公室、深圳市国土资源和房产管理局，2005）为城市户籍家庭的中低收入群体，称为经济适用房。在销售价格方面，由开发成本、税金和利润三部分组成（计价格〔2002〕2503 号）（深圳市人民政府住房制度改革办公室、深圳市国土资源和房产管理局，2005：21）。在建设主体方面，2004 年深圳市机构调整，住房保障的职能划给新成立的国土房产局，其为这一时期经济适用房建设的负责部门。同时，深圳市建筑工务署于 2004 年成立，主要负责政府投资项目的建设管理。但是在具体实践中，这一时期几乎无新增经济适用房项目，均是将之前的安居房在建项目"调整"为经济适用房。因而这些经济适用房项目多为之前已经批准的安居房项目用地，在空间布局上，也多集中在关内地区。

4.2.2　政府建设的经济适用房和公租房（2007~2019 年）

深府〔2007〕262 号文发布后，应国家和省里要求，深圳需要在短时间内提供相当数量的保障性住房，以实现城市户籍低收入家庭的应保尽保。2007 年、2008 年和 2009 年深圳的保障性住房建设目标总量一直处于较大的变动之中。一方面，《深圳市住房建设规划（2006-2010）》给予深圳每年建设目标总量巨大弹性，可根据现实需要进行调整；另一方面，部分学者对其落实效率持怀疑态度。根据后续发展情况，以 2008 年计划新开工 29 个保障性住房项目为例，相比过去任何一年都多出数倍，但有诸多项目在很长一段时间后，或重新制定了实施方式后才开工。显然，在短期内大规模建设保障性住房的情况下，政府主导开发建设住房的模式，不能完成既定目标。也是在这种背景下，深圳市政府积极寻求保障性住房多元化的建设策略。

"十二五"时期，国家下达保障性住房建设任务，各城市开展大规模保障性住房建设。在土地供应方面，有划拨供地，主要用于建设廉租房和公租房。深圳的经济适用房用地在划拨时，收取一定的土地开发和征拆等成本费用（深圳市人民政府住房制度改革办公室、深圳市国土资源和房产管理局，2016）。自 2007 年起，政府主导开发建设保障性住房依然是保障性住房建设的主要供给渠道之一，且呈现以下几个方面的特征。①由政府自行建设，逐渐转变为由政府组织、企业代建。在建设主体方面，自 2010 年起，逐渐探索企业代建模式，借用企业在时间管理和成本控制方面的优势，缩短建设时间，管控成本。②在空间布局方面，由于深圳的城市建设重点已经转移到关外，新增用地也主要集中在关外较为偏远的地区，因此保障性住房的选址由原关内地区转向关外，且几个超大型住区均布局在原关外地区。

4.2.3 政府主导开发建设保障性住房模式的特征

政府主导开发建设保障性住房模式中，并没有企业的参与，而只是政府内部不同的部门、层级之间的协作与联系，且呈现为政府内部运作的科层制特征。

该模式主要依靠政府自身的投入，而是否投入的关键，则在于市级政府推进保障性住房建设的动力，这取决于国家的政策导向以及深圳城市发展的需求，可以认为国家自上而下实施的保障性住房政策以及深圳城市发展的需求，是开启政府主导开发建设保障性住房模式的"制度机会"。就未来发展潜力而言，受政策影响较大，具有不确定性。该模式虽然以政府内部的科层制运作为主要特征，但是在保障性住房需要大规模快速筹集的关键时期，资金等资源成本会被相对忽略，完成自上而下的保障性住房建设任务以及为低收入群体提供保障是重要目标，在此种情况下该模式往往能够得到较大规模的实施。

4.3 国企主导开发建设保障性住房

从 2010 年起，国有企业参与保障性住房建设，在我国诸多城市中引发关注和讨论。最典型的为上海、重庆（Zhou and Ronald，2017b）。在深圳，地铁上盖保障性住房项目，是国企参与建设筹集的典型。

国有企业主导开发建设，是深圳保障性住房建设筹集的一个主要模式。国有企业，由于其身份和地位的因素，能够拥有一些关键的资源来进行保障性住房建设，只是不同类型的国有企业，其相应的资源和制度优势存在差异。就行动主体的主要关系而言，在土地供应方面，规划和土地主管部门以相对优惠的价格供应建设用地给国有企业，国有企业从事房地产开发，并基于单个项目的利益平衡，综合考虑地价、开发建设成本、收益以及保障性住房建设成本等，衡量可建设的保障性住房类型和数量等。在资金方面，主要依靠地铁综合开发项目中的商品房、办公、商业和酒店等可出售物业回笼资金。

在未来发展潜力方面，与国企获取土地使用权的方式以及深圳市对保障性住房的需求有关。首先，一般地铁上盖保障性住房项目，多选择车辆段、停车场地块。这种地块，相比普通的 TOD 开发，边际成本低。一条地铁线路分别有一个车辆段、一个停车场，且地铁线的规划和建设需要国家批准，就深圳市而言，地铁不可能无限制地扩建，即车辆段和停车场地块的供应数量有限且稳定，不会因为政府对保障性住房的需求而改变。其次，建成的保障性住房，是出租型还是出售型，以及单个项目建设的保障性住房比例，从经济平衡的角度，与实际的土地使用权价格关联。既往深圳地铁上盖物业配建保障性住房项目中，一般将单个项目住宅总建筑面积的 40% 用作公租房。为更好地平衡成本，未来需要考虑将出售型保障性住房和出租型保障性住房混合建设，具体根据住建局的要求和相关情况确定。总体而言，以地铁上盖建设保障性住房为代表，国企主导开发建设保障性住房模式更易受政府调控，且能够获得较大的收益。

4.4 政企合作建设筹集保障性住房

4.4.1 城市更新配建保障性住房

2009 年广东省出台"三旧改造"政策，深圳以此为基础提出"城市更新"。基于新一轮城市更新实施背景，深圳市于 2010 年出台《关于深圳市城市更新项目保障性住房配建比例暂行规定的通知》，开始试验在城市更新项目中配建保障性住房。在"十三五"期间，深圳继续扩大保障性住房供应规模，城市更新配建保障性住房的相关规定也得到及时修订（2016 年修改），通过增加配建比例，继续推动保障性住房供应。在土地价格方面，配建为公租房的，公租房占地部分免缴地价，建成后由政府以成本价回购，产权归政府。配建为安居型商品房的，地价按该项目住宅建筑面积应缴地价标准的 50% 缴纳（深土规〔2010〕843 号）。在空间布局方面，由于拆除重建类的城市更新项目以分布在原关外地区的旧工业用地更新为主，因此相应的保障性住房也多分布于原关外地区。在建设主体方面，进行城市更新项目的开发主体，为保障性住房的开发建设主体，资金由开发商自行垫付，建成后由政府回购或出售给符合条件的申请者。在政府方面，2016年之前的城市更新项目的立项和审批在市里完成；2016 年之后由区里负责具体的立项审批。此外，建成后的公租房多由区政府出资回购。在具体实施方面，在城市更新项目中，开发商多倾向于配建公租房，因为安居型商品房的销售（政策早期）存在不确定性，资金回收周期长。而将公租房以成本价卖给政府，虽然盈利不多，但是资金回笼快，有利于开发商集中力量进行住宅和商业办公项目的开发建设。据统计（深圳市住房和建设局，2012，2013，2014，2015a，2015b，

2016a，2016b，2017，2018），2012~2018 年，通过城市更新项目基本完成的配建保障性住房为 13943 套，占同阶段保障性住房建设筹集总量的 14%。虽然其比重并没有很高，且城市更新项目由于涉及房屋拆迁与补偿谈判，从立项到完成，往往要 7~10 年的时间，这往往难以在短时间内实现大规模的有效供应以缓解政府面临的保障性住房供应压力，但深圳市在城市更新配建方面的政策和制度日趋完善，该建设渠道在现实中被广泛讨论。

配建保障性住房的模式在国际上已有不少先例。在深圳，以城市更新配建保障性住房最为普遍，相应的制度安排也最为成熟。L 区和 G 区作为原关外行政区，是深圳城市更新活动比较活跃的区域。2010年"关内外"一体化的政策背景下，L 中心区由于毗邻关内的区位优势，率先承接关内开发建设活动的外溢。以 L 区 HRY 项目为例，该地块原为旧工业区，以一类工业为主。现状建筑多为 6 层及以下厂房，产权相对单一。

根据规划，该项目开发建设用地范围约为 34 公顷，容积率为5.34，总建筑面积为 181.7 万平方米，其中住宅建筑面积为 126.25万平方米，含保障性住房 16.9 万平方米。

在城市更新项目中，一般政府在给予开发商主动权的同时，如组织更新单元规划编制，充分展现其意图和诉求，也要求城市更新项目贡献一定的土地、学校、医院、幼儿园或保障性住房等公共设施给政府。开发商则通过项目开发以及住宅、商业等物业出售获得利润。由于开发商的自主性强，诉求表达渠道畅通，因而多积极参与城市更新项目，政府也积极推动城市更新项目的落地。

经过多年的探索和完善，城市更新在深圳已经形成一套成熟完善的制度体系和利益分享机制，可概括为政府引导、市场运作。具体而言，市住建局代表市政府，结合城市更新配建保障性住房的相关政策，对城市更新项目配建保障性住房类型和规模提出具体要求。市规自局审查城市更新单元规划、审批城市更新用地，确保按要求完成保障性住房建设。企业则依据开发建设成本、保障性住房建设成本以及预期收益等，在密度分区允许的情况下，确定合适的容积率等建设指标，完成开发建设。就资源流动的方向而言，土地从原使用权人手中收回（购买或补偿性征收），由政府征收后，开发商缴纳土地出让金，重新获得土地使用权。就资金而言，保障性住房建设所需的资金由开发商先行垫付。建成后的保障性住房，由区政府以成本价回收。

　　该模式之所以兴起，就其所依赖的制度机会而言，在于深圳探索出了一套完善的城市更新制度体系和利益分享机制，使城市更新能够相对大范围地推进。这与深圳城市经济发展的背景，以及深圳积极支持市场参与城市更新运作密切关联。在未来发展潜力方面，首先，就深圳城市更新项目的实际进展而言，早期旧工业区更新推进速度较快。随着工业区更新项目逐渐减少，旧村、旧城更新项目周期变长。其次，就主要的旧工业厂房更新项目而言，一般的项目进度在 5 年左右，而单个项目建设的保障性住房数量，从几套到几百套，规模不等。最后，城市更新多配建公租房，同时也有商品房开发项目。实际建成后，保障性住房住户与商品房住户同在一个小区，混合居住社区的后续管理面临挑战。

4.4.2　工业用地改保障性住房筹集模式

　　闲置工业用地变更用地性质，成为保障性住房建设用地，简称为"工改保"，是深圳市政府近年来积极探索的一种保障性住房筹集方式。就参与主体而言，"工改保"为典型的政企合作模式。在政策和制度构建方面，深圳市政府并没有出台独立的"工改保"政策文件，相关规定散见于城市更新的各类文件中。

　　根据《深圳市工业区块线管理办法》，深圳工业用地总面积约为270 平方公里。根据深圳"双一百"划定，即一百平方公里工业用地保留，一百平方公里工业用地"工改工"。未来可进行"工改保"的范围，主要集中在剩余的 70 平方公里范围内。且就居住用地占全市总用地的比重而言，深圳居住用地占比为 22%，仍然低于国家 25% 的居住用地标准。因而，未来继续、持续地增加居住用地供应是必然趋势。

　　根据 2011 年的《深圳市安居型商品房建设和管理暂行办法》，在符合城市规划的条件下，企业利用自有用地建设，是安居型商品房用地供应的主要渠道。现实中，除"招拍挂"供地方式外，企业利用自有用地建设，是安居型商品房用地供应的主要方式之一。在土地价格方面，企业利用自有用地建设的安居型商品房，土地价格不低于基准价和市场评估价的均值。

　　在建设主体方面，安居型商品房的开发主体多为原工业企业，近年来也有一些工业企业将用地权转让给开发商，由成熟的开发商进行开发建设。"工改保"项目的典型特征，在于政府释放部分利好，吸引企业参与出售型保障性住房的建设。近年来，深圳城市发展的政策利好一直不断，加之深圳房地产市场的独特性，头部房企纷纷布局深圳，希望深圳在建设国际城市，对标纽约、东京等国际城市的时候，深圳的商品房价格也能够对标纽约、东京。而且多数房地产开发主体认为，在国内几个一线城市中，深圳是最有望突破房地产价格高地的城市。深圳的新增供应用地有限，"工改保"释放的存量用地，会成为未来深圳开发商参与保障性住房建设的主要渠道。

　　以 GXHY 项目为例，该项目占地 3.41 万平方米，总建筑面积 22万多平方米，总房源共 2768 套，其中安居型商品房 1680 套。

　　在深圳城市更新，强区放权的背景下，市政府将保障性住房建设筹集的任务下放到区政府层面，同时下放的也有"工改保"项目的主导权。企业方面，则希望通过参与"工改保"项目建设安居型商品房，获取一定利润。就资源流动的方向而言，在土地方面，企业原本就是土地使用权主体，只需要补缴部分土地使用权出让金，即可重新获得完整的土地使用权限。在资金方面，企业作为市场主体，自筹资金进行建设，并通过出售安居型商品房，回笼资金，获得利润。在深圳，一般而言，安居型商品房价格是普通商品房的六折。就该模式得以形成的制度机会而言，主要在于深圳市住房用地不足，而市级政府积极推动居住用地供应，允许将符合条件的闲置工业用地变更性质用于保障性住房建设。然而，该模式处于初期阶段，尚未形成一套完善的制度体系和利益分享机制，因而，在具体实践中面临诸多挑战。

首先，政策和制度设计不够完善，执行中存在不确定性。其次，安居房项目多在环评阶段不能很快过关，影响项目进度，因而进展相对缓慢。最后，一些"工改保"项目，规模较小、区位不是很好。各个部门对相应公共服务设施的诉求，特别是教育局对学校的要求等难以得到满足，这反过来增加了项目落地的难度。"工改保"项目的复杂性在于前期的博弈和利益纠葛。

4.4.3　城中村住宅规模化租赁：人才住房筹集

在深圳，城中村的快速发展主要开始于 20 世纪 90 年代末，2004年深圳第二次全域城市化文件发布之前，由于抢建等因素，城中村的建设量达到历史高峰（仝德、冯长春、邓金杰，2011）。随着城市定位的提升，深圳早在 20 世纪 90 年代末就编制了一批旧村改造规划，旨在落实学校、道路等公共利益项目，但实施效果并不理想。自 2004年起，深圳市政府组织编制《深圳市城中村（旧村）改造总体规划纲要（2005—2010）》（深圳市人民政府，2004），但由于这一时期的改造以拆除重建为主，较高的拆迁补偿标准引起较大争议（Liu et al.，2019）。2009 年，《深圳市城市更新办法》发布，将城中村改造纳入其中。但由于城中村改造成本高，因此深圳的城市更新以旧工业区的改造为主（赖亚妮、吕亚洁、秦兰，2018）。早期城中村改造带来的负面舆论，以及社会上对城中村正面价值达成共识，即城中村为大量的中低收入群体提供廉价住所（赵静、闫小培、朱莹，2016），加之深圳城中村体量庞大，全部拆除重建的改造方式难以持续。近年来，随着大规模保障性住房的建设，也有学者开始从产权、制度设计等层面探讨将城中村住房转变为保障性住房的可行性。

深圳自建市以来，经历了第一轮人口快速增长后，外来人口总量超过本地人口，且两者之间的差距日益增大：1980 年特区成立时，总人口为 7.14 万人，其中暂住人口 500 人；1987 年底，特区常住人口规模为 28.9 万人，暂住人口总计约 23.8 万人（深圳市人民政府住房制度改革办公室、深圳市国土资源和房产管理局，2005：4）；1993 年底，深圳市总人口规模为 294.9 万人，其中常住人口总量为 87.7 万人，暂住人口达 207.3 万人（深圳市人民政府住房制度改革办公室、深圳市国土资源和房产管理局，2005：143）；2017 年末深圳常住人口总规模为 1252.83 万人，其中户籍常住人口为 434.72 万人，非户籍常住人口达到 818.11 万人（深圳市统计局、国家统计局深圳调查队，2018）。2002 年的银湖住房会议上，围绕深圳下一阶段的住房改革重点以及政府强化住房保障职能，深圳市相关领导强调，"政府住房保障必须考虑 500 多万暂住人口的住房问题"（深圳市人民政府住房制度改革办公室、深圳市国土资源和房产管理局，2005：416）。2003~2005 年，深圳市住宅局开展《深圳暂住人员住房问题研究》，拟建立针对该类群体的住房保障制度。

大量外来务工人员聚集在城中村。《深圳市城中村（旧村）综合整治总体规划（2019—2025）》提出，在保留并进行综合整治的片区，城中村住宅在规划期内不能拆除，用以保障城市低成本的生产或生活空间，为深圳城中村的发展提供了综合整治的路径。

以某区社会存量住房项目为例，2019年，G区住建局将筹集到的城中村存量住房作为人才住房进行配租。其中，2019年第一批配租的2个项目共618套，第二批21个项目约12183套。社会存量住房筹集模式通过与长租公寓企业的合作来实现。区政府方面，为完成市里下达的保障性住房建设筹集任务，于2018年开始，积极寻求与企业合作等方式筹集房源。企业方面，则主要源于早期的长租公寓发展浪潮，以万科的万村计划为代表，早期盘下诸多城中村房源，但由于市场不成熟以及前景不明朗，这些房源集聚在手中，难以尽快消化，成为企业运营的负担。在该模式中，房源首先由长租公寓企业承租，改造后出租给居民个体。资金方面的关系，可以总结为"按需实租"，即区政府并未出资将全部的房源整租下来，再转租给人才群体，而是将上述房源纳入政府的保障性住房建设筹集目录，入住上述房源的租客，如果满足区里设定的人才条件，即可领取区人才住房租金补贴。补贴金额的设定，根据各个项目的区位及周边房租价格确定，补贴标准一般按低于市场价40%设定。该项目的运作模式实现了三方共赢，政府以较短的时间、较少的人力和物力，按时完成了保障性住房和人才住房的建设筹集任务，具有"短平快"特征，即"用1%的钱做100%的事情"。在企业方面，一则与政府合作有助于消化房源，消化库存更快，二则人才群体的素质相对较高，也便于后续的运营管理。对人才群体而言，入住人才住房，可以获得几百元甚至千元的租金优惠。

该模式之所以能够形成，在于所依赖的制度机会，一方面，区政府对短期快速筹集保障性住房，完成市级保障性住房建设任务的需求；另一方面，长租公寓企业集聚的房源，需要尽快消化存量。且这些房源多为单间或一房一厅（面积在 13～50 平方米/套），这些房源的面积和户型都符合保障性住房的要求，也是年轻人才群体需求旺盛的户型。

第 5 章

深圳市保障性住房分配研究

　　保障性住房分配作为供应过程的重要内容，是支撑保障性住房体系运作、实现保障目标的关键环节。虽然国内学者对我国保障性住房体系、保障性住房建设及其社会空间影响进行了大量研究，但是除少量成果对国外保障性住房分配模式进行引介外（张浩淼，2013；胡金星、陈杰，2013），较少有研究对我国城市中保障性住房分配的政策制定、分配原则和具体实践进行探讨，更少有研究对保障性住房分配政策及实践进行细致剖析。深圳作为中国特色社会主义先行示范区，在保障性住房的分配管理方面做出了一系列探索和创新，如率先建立"三审三核"的最严保障性住房分配程序、建立轮候制度、创建轮候库等（深圳市人民政府住房制度改革办公室、深圳市国土资源和房产管理局，2016）。本章从时间维度，对深圳市保障性住房分配的政策及实践进行分析，以期从保障性住房体系运作的视角，对保障性住房分配政策制定进行反思，以启发未来的政策制定。

5.1　1988~2010 年：安居房和经济适用房分配

5.1.1　从面向党政机关和事业单位转向低收入家庭（1988~2006 年）

根据 1988 年《深圳经济特区居屋发展纲要》，深圳福利价商品房主要用于解决"党政机关和事业单位的职工居住问题"，微利商品房则主要提供给"需要扶植的企业和特殊困难户"。在住房分配方面，1988~1992 年，深圳福利价商品房分配均采取"二次分配"的方式，由市住房主管部门将住房"配售"给有住房需求的单位，再由单位将住房配售给个人。自 1993 年起，在安居房分配具体实践中，将"二次分配"调整为"一次分配""按序自选房号"。在微利商品房的分配方面，根据其供求状况和企业实际情况，采取向单位分配和直接向社会职工个人分配两种形式。在现售微利商品房时，规定了重点供应对象应为"市属国有企业（或国有股份占主导地位的股份制企业）、市政公用/民政福利企业以及企业代管理的事业单位等"（《深圳房地产年鉴》编辑委员会，1994）。

2002 年深圳"银湖房改工作会议"指出，在未来住房保障体系的建构方面，安居房（后在 2003 年房改文件中称为经济适用房）的供应对象只能限于中低收入阶层；深圳的廉租房采取货币保障的方式，保障对象为"城市低保户家庭"。经济适用房以实物保障方式为主，经济适用房的供应对象为"城市户籍的中低收入家庭"。

5.1.2　从矛盾凸显到建立严格的分配制度（2007~2010 年）

以深府〔2007〕262 号文为标志，深圳市开始快速和大规模地推进保障性住房建设，保障性住房分配的管理机制也在前期实践的基础上逐渐稳定。2007 年，深圳市开展针对低收入家庭住房状况的调查（深圳市人民政府办公厅，2007）。同年，"新增政策性经济适用房和公共租赁房 6000 套"，为深圳市政府工作报告承诺十件民生实事之一。① 根据 2007 年 12 月 25 日深圳市国土资源和房产管理局发布的《关于保障性住房租售的通告》，经济适用房的申请人应满足的主要条件有以下几个方面。①2005 年 12 月 31 日之前具有本市户籍。②不拥有任何自有形式的住房和建房用地。③在国内其他城市未购买过政策性住房，未领取过未购房补差款；从 2003 年 1 月 1 日起至签订购房或租房合同之日，未曾转让过自有形式的住房；在本市未享受廉租住房保障。④2006~2007 年申请家庭人均年可支配收入连续两年低于23252 元。⑤申请家庭总资产不超过 28 万元。这在某种程度上促进了2010 年以后深圳住房保障工作的制度化探索，促进深圳保障性住房分配轮候制度的建立。

总结前期保障性住房分配经验，2010 年 7 月 1 日起施行的《深圳市保障性住房条例》，从严格把控申请过程入手，建立起"两级审核、两级公示"的保障性住房准入资格审核制度，旨在对申请者的家庭收入、财产等情况进行严格审核，杜绝申请者弄虚作假等行为。更进一步，2011 年 4 月《深圳市保障性住房条例（修正草案）》通过审批，其主要内容，就是从严管控保障性住房分配环节，并加大对违规操作的惩处力度。具体为：①建立起"三级审核，三级公示""九查九核"的最严格分配管理制度；②对分配中弄虚作假违规操作的申请者，最高处以 20 万元的罚款（深圳市人民政府住房制度改革办公室、

---

① 《政府工作报告——2007 年 3 月 21 日在深圳市第四届人民代表大会第三次会议上》，ht-tps://www.sz.gov.cn/zfgb/2007/gb544/content/post_4990591.html，最后访问日期：2024 年11 月 8 日。

深圳市国土资源和房产管理局，2016：227～229）。与此同时，深圳着手建立常态化的保障性住房轮候制度。

5.2 2011年至今：轮候制度下保障性住房的常态化分配

随着2012年《深圳市安居型商品房轮候与配售办法》以及2013年《深圳市公共租赁住房轮候与配租暂行办法》相继发布，深圳市建立起保障性住房的轮候制度。轮候制度采取首次集中轮候和日常轮候递补的基本操作原则。以安居型商品房为例，首次轮候排序的基本原则为轮候基准时间，即入户和社保缴纳时长。

深圳的保障性住房面向轮候库群体和人才群体。就市级房源而言，公租房和安居房房源如果供应给轮候库，则面向全市户籍的轮候库家庭；如果定向配租给重点企业或人才群体，则为市级的重点企事业单位或市级政府认定的人才群体。在区级层面，区住建部门筹集的公租房，面向轮候库中具有本区户籍的家庭，区筹集的人才住房则定向分配给区政府认定的辖区内重点企事业单位。

本节以市级保障性住房的分配工作为例，就轮候库配租公租房、公租房定向配租、安居型商品房配售为例，对各种分配方式的具体操作流程、原则和细节部分进行剖析和探讨。

5.2.1 轮候库配租公租房：规则完善，流程清晰明确

一般而言，市保障性住房主管部门会将即将竣工或已经竣工、正在验收或经过竣工验收的房源，分批进行配租。根据可供应房源情况，分批次配租。一般先发布房源配租通告，公告本批次配租房源和配租对象的具体情况，即哪部分房源配租给哪些群体，以及配租流程和选房规则等。除此之外，通告还会对房源基本特征情况进行详细说明，以达到提前告知的目的。

以 2015 年 LLJY 项目配租为例，该项目 2559 套面向轮候库申请者配租，1260 套定向配租。定向配租的对象，指经市人力资源和社会保障局认定的高层次专业人才、市人才安居重点企事业名录中的企事业单位和经市政府批准的企事业单位。在分配过程中，住建部门对一些事项予以强调，如该项目位于某地铁站旁，周边公共交通及学校等配套尚未完善。南侧和北侧有交通主干道，交通噪声较大。

可以发现，在面向轮候库的公租房配租过程中，由于规则逐渐明了且稳定，配租的流程较为透明清晰。各种不同类型的房源，由于其建设模式、规模、区位等方面的原因，市住房保障主管部门公布的配租方案中，都会将具体的项目情况、房源规模和信息、分配对象、户型结构等交代清楚，也会将项目存在的缺点逐一说明，如配套服务设施不全、可能存在的噪声等。在这种分配方式下，分配过程公开和透明，申请者有足够的信息来进行决策。因而，该模式在操作上，运作较为顺畅。面向轮候库配租的房源，一般相对较为偏远，存在交通不便捷、短时间内服务设施不齐全等问题，多数潜在申请者往往会由于房源偏远等原因而放弃。

5.2.2　公租房定向配租：流程相对简便，企业依需求申请

除了每年按批次向轮候库配租公共住房，市住房保障主管部门也会根据房源和企业需求匹配情况，定向配租公租房。本节以 2019 年面向先进制造业企业定向配租[①]为例进行剖析。2019 年 10 月 8 日，深圳市住建局发布的《深圳市住房和建设局关于面向先进制造业企业定向配租公共租赁住房的通告》指出，分配房源规模为 4120 套，面向深圳市先进制造业企业定向配租。配租的企业对象为 2018 年度工业

---

① 《深圳市住房和建设局关于面向先进制造业企业定向配租公共租赁住房的通告》. https:// zjj. sz. gov. cn/ztfw/zfbz/tzgg2017/content/post_7382830. html，最后访问日期：2024 年 11 月 8 日。

增加值排名前 200 位的先进制造业企业。安排入住的企业职工条件为：①在深圳未有任何形式自有住房；②未承租保障性住房或人才住房，未在领租房补贴；③参加社保满 3 年，本科以上学历或中级以上职称的，累计缴费 1 年及以上。具体配租方案根据企业符合条件的职工数量、2018 年度各企业在深圳的纳税总额及房源等情况综合确定。在具体申报过程中，实行诚信申报制度，且由企业将本单位配租情况在企业公示，报住建局备案。在房源配置方面，要求两房及以上户型至少安排两名单身职工或一户已婚家庭入住。

　　一般以企业的名义申请时，企业会将申请住房的职工个人信息，如家庭人口、是否符合条件、拟申请的房源户型等住房需求情况阐述清楚，市住房保障主管部门根据房源情况，给予统筹协调，进行房源分配。此外，企业将住房分配给员工时，只在满足"无住房""缴纳一定年限的社保""未享受过住房保障"几个条件的前提下，由企业进行安排确定。只是当员工个体因工作变动等辞职或变换单位时，需将所承租的人才住房退回。如果所入职的新企业符合人才住房申请的条件，则可在新企业再次申请。

5.2.3　安居型商品房配售：领军人才享有优先性

　　与公租房定向配租的操作方式不同，安居型商品房的批次分配中，同时面向人才和轮候库群体，分别排队。本节以 2017 年某安居型商品房的配售工作为例进行分析。该项目共计 1550 套房源，其中两房（建筑面积 65~75 平方米）户型 1028 套，三房（建筑面积约 85 平方米）户型 522 套。配售均价为 7165 元/米^2（毛坯房价格，按建筑面积计）。配租对象为两类：安居型商品房在册轮候人，以及符合条件的领军人才。选房分为 A、B 两个队列。A 队列指认购两房的家庭队列。B 队列为认购三房的家庭队列。选房排位分为四个序列：第一序列为领军人才申购家庭，符合条件的领军人才无须排队，可递交材料后参与选房；第二序列为安居房轮候库中的入围家庭，按照轮候库中的顺序进行选房；第三序列为进入候补名单的家庭；第四序列为进入递补名单的家庭。

在安居型商品房的配售中，符合条件的领军人才享有诸多的优待条件。例如，领军人才家庭可以不用进入轮候库，也无须事先排队，只需事先去市住房保障主管部门申请、递交材料，确认申购安居型商品房。等有房源进行配售时，即可参与购房。在选房方面，选择的先后顺序分为四个序列，符合条件的领军人才享有优先选房的权利。

第 6 章

深圳市保障性住房供应优化的对策研究

基于前文对深圳市保障性住房体系、保障性住房建设筹集和保障性住房分配环节的实证研究，进一步总结出相应环节存在的主要问题，以"问题-策略"为基本思路，从包容性和可持续性视角出发，结合城市发展背景、制度建构、行动主体和行动策略等方面，提出深圳市保障性住房供应的对策。

6.1 构建包容性、可持续性的保障性住房体系

综观各国保障性住房体系的发展，均为特定历史时期、特定社会背景下，相关的利益团体和机构进行谈判、多方协商的结果。虽然不同的学者强调不同力量对保障性住房体系的形塑作用，如 Harole（1995）强调市场化的宏观结构性力量对各国保障性住房体系的影响，而 Kemeny（1995）则强调坚定的、长期的政府政策干预对于一体化租赁住房体系形成的重要作用。具体而言，二战后的福利国家时期，政府长期、持续和高强度的干预，使各国建立起覆盖面广的大众模

式，而 20 世纪 70 年代起新自由主义思潮下的市场化改革，使保障性住房体系发展的剩余化特征开始显现。

在我国，地方保障性住房体系的建构和发展，是中央政府和地方政府共同作用的结果。总体上，中央政府以原则性的引导为主，各地拥有较大的自由裁量权，可根据各自发展需求，在与国家政策导向不违背的情况下，构建独具特色的保障性住房体系。深圳效率导向的保障性住房体系，呈现"发展型"特征。"十二五"期间保障性住房的大规模快速建设，决定了在未来，中央政府只会原则性地引导地方住房保障体系的发展。因而，各地拥有较大的自由裁量权，可根据各自发展的需要，在与国家政策导向不违背的情况下，建构独具特色的保障性住房体系。

深圳既往"发展型"导向的保障性住房体系，在供应的对象方面，表现为对人才群体的重视；在供应的产品类型方面，表现为对出售型保障性住房的追求，而相对忽视出租型保障性住房的供应。基于此，本节从构建包容性的保障性住房体系，积极发展以公租房为主的租赁体系，以及以可持续性为原则，平衡基本保障和非基本保障之间的关系三个方面，提出深圳市保障性住房体系的未来发展对策。

构建包容性的保障性住房体系。在常住人口方面，户籍人口与非户籍人口结构倒挂是深圳的一个典型特征。就保障性住房体系的供应对象而言，早在 2007~2010 年深圳实际分配 8000 余套保障性住房，即实现了对户籍低收入住房困难家庭的"应保尽保"。此后，深圳以发展为导向，给予人才群体充分关注，将非户籍群体有选择地纳入保障性住房体系。户籍并不能衡量居民对保障性住房的需求，实际的住房需求应该得到考虑。因而，建议构建包容性的保障性住房体系。首先，政府应该以常住人口为考量范围，对广大中低收入群体的收入及住房条件等情况进行分析，积极探索识别不同群体的住房需求，并通过提升专业技术知识储备等，对这些信息进行有效管理。其次，建议深圳市以中国特色社会主义先行示范区建设为契机，积极践行社会公平公正，保障性住房体系的供应对象应面向中低收入群体，应回归基本保障。以收入水平和居住条件为衡量标尺，将常住人口中的低收入群体纳入住房保障范围，适当摒弃当前以户籍、税收以及社保等地方保护主义和经济贡献程度为主的衡量标准。

积极发展以公租房为主的租赁体系。发展什么类型的保障性住房，是保障性住房体系建构的重要内容。已有研究证实，政府对各个住房所有权类型的发展，往往不是中立的，而是带有明显的选择倾向性（Harole，1995；Kemeny，1995）。从计划经济到中国特色的社会主义市场经济，我国的保障性住房发展，反映了社会经济发展不同时期的特征。借鉴西方国家的经验，一方面，政府政策在保障性住房体系的建构中发挥积极作用；另一方面，"一体化租赁体系"（unitary rental system）确实能够很好地弥补商品住房市场带来的"市场失灵"等问题。因而，本书建议，深圳以国家发展租赁住房为契机，积极作为，构建覆盖范围相对广的、以租赁住房为主的保障性住房体系。长期来看，实现公租房和市场化租赁住房协调有序发展。"基本保障"应该保障"住有所居"，而不是保障"有产权"，已经逐渐成为共识。

以可持续性为原则，平衡基本保障和非基本保障之间的关系。"十四五"规划提出基本保障和非基本保障的关系问题。在深圳，面向人才群体和企业的人才住房，即定向配租的公租房和安居型商品房，为非基本保障范围；而面向中低收入群体的保障性住房为基本保障范围。建议深圳市在保障性住房体系的发展中平衡以中低收入群体为主的基本保障和以人才群体为主的非基本保障之间的关系。深圳市由于城市和经济发展的相对独特性，需要大量高精尖人才，而其本身高校数量少、人才培养能力弱。加之以住房为代表的生活成本高，促使深圳市不得不对企业和人才群体给予适当保障，才能留住人才，实现经济社会的可持续发展，但对非基本保障的强化，在一定程度上弱化了基本保障的力度。建议在保障性住房的五年计划和年度计划中，增加面向普通中低收入群体供应的保障性住房数量。

6.2 强化居民需求导向的保障性住房建设筹集对策

发展型导向的保障性住房建设筹集，试图以最低的政府投入覆盖最广泛的群体，即"浅补贴、广覆盖"。这就导致保障性住房建设筹集的主要类型为面向人才群体的公租房（市场价格的六折），以及出售型的产权型保障性住房。而公平与效率有机统一的保障性住房建设筹集模式，应该强化面向中低收入群体的出租型保障性住房筹集。

调整政策着力点，探索居民需求导向的保障性住房建设筹集模式。深圳市保障性住房建设筹集以效率为导向。具体表现在，各类保障性住房筹集模式中，单个项目运作中的利益平衡，成为政府政策和制度体系建构的着力点。不管是政府主导开发建设模式、国企主导开发建设模式还是政企合作建设筹集模式，政府都希望以最低的投入，获得数量最多的保障性住房。这就意味着，平均到每套保障性住房，政府给予的补贴越低越好，进而导致出租型人才住房和安居型商品房成为建设筹集的重点，特别是在企业主要参与以及区级政府主导建设筹集的保障性住房项目中。而面向普通中低收入群体供应的普通公租房，租金低，且通过租金收入来回笼资金的时间成本高，加之后续管理困难，导致在各种建设筹集模式中被相对忽略。国家层面的发展方针，已经从过去的"效率导向""兼顾公平"调整为"效率和公平有机统一"。深圳市作为中国特色社会主义先行示范区，应该积极实践"效率和公平有机统一"的发展方针，在保障性住房建设筹集方面，注重建设筹集效率的同时，更加关注公平问题。建议深圳市在保障性住房建设筹集中，在协调不同建设筹集模式中各行动主体利益关系的同时，通过加大政府资金投入力度以及创新政策和制度设计等方式，积极鼓励、引导和约束企业行为，探索面向中低收入群体的普通公租房建设筹集模式。

调整国有企业角色，充分发挥其积极作用。以荷兰、德国和瑞典为代表的欧洲国家，其社会住房发展之所以不同于美国、澳大利亚等国家的"剩余型"保障性住房体系，关键在于非营利住房机构发挥的重要作用。在这些国家，非营利住房机构的一个主要界定标准为，在接受政府资金支持的同时，接受政府的监督考核，且机构经营运作的收益，全部再投入社会住房的建设和经营上来。此外，虽然在传统上，非营利住房机构接受国家在贷款担保、资金资助等方面的支持，但是近年来，随着市场环境的变化以及西方国家在公共开支方面的缩减，非营利住房机构普遍面临"公共的使命"与"市场化的经营运作环境"，即非营利住房机构一般需要凭借自身的运营或在其他项目上的盈利能力，在私人资本市场上筹集资金、资源等，进行社会住房的建设筹集和管理运营，实现社会住房为中低收入群体提供保障的"公共"目标（Kemeny，1995；Blessing，2015；Morrison，2018）。在我国，虽然第三方非营利住房机构的发展缓慢，但是，国有企业的身份和地位，以及当前运营发展的特征，使其可以承担更多的社会责任。具体表现在以下两个方面。①经过一系列的改革和发展，特别是在深圳的房地产开发领域，部分国有企业表现出较强的盈利能力。这与深圳市经济快速增长和房地产市场的繁荣发展有关。②国有企业，特别是市级政府直接管辖的市属国企，一方面，能够与市政府在保障性住房的建设筹集目标和工作中进行积极对接；另一方面，因为身份、地位和历史原因，国有企业往往掌握某些重要的资源，可以在政府释放部门政策和制度利好，或给予一定的资金支持后，积极参与到保障性住房的建设筹集中来，且成效显著。本书建议，在确保国有企业健康发展的同时，通过调整相应的制度和政策设计，引导、激励其积极参与保障性住房的建设筹集，承担更多的社会责任。

注重建设筹集结果评估，强化公共服务设施供给。在各种保障性住房的建设筹集中，应强化公共服务设施的供给。一方面，在住户入住之初即实现基本公共服务的有效供给，如公共交通、日常生活和商业服务设施等；另一方面，应着力落实"租购同权"，从制度和政策建构的层面，强化以教育、医疗为主体的公共服务设施供给。

6.3 公平导向的保障性住房分配制度建构

注重构建与保障性住房体系和发展目标相适应的分配制度。保障性住房的分配，涉及什么样资格（社会经济属性）的居民，经过什么样的流程，能够住到什么样特征的房子里。这不仅关乎有限公共资源分配的公平性问题，也涉及分配程序的过程公平性等问题。在深圳，保障性住房分配制度的建构，往往落后于实践。且多基于实践中反馈的问题来完善保障性住房分配制度。建议政府加强保障性住房分配制度研究，提前筹谋和布局，一方面，积极构建与保障性住房体系和发展目标相适应的分配制度，并根据保障性住房发展体系和目标的调整，及时调整保障性住房分配的制度和策略，及时向社会公布；另一方面，在保障性住房分配策略中，政府应及时关注居民关切、回应社会诉求，高效率地推动保障性住房分配工作。

第 7 章

结论与展望

7.1 主要的研究结论

本书以结构-过程分析框架为指引，以综合性、整体性的视角，对深圳市的保障性住房供应进行了实证研究。综合住房研究、城市研究、城市治理、城市规划和建设、城市社区发展与治理等学科的相关理论研究成果，借助发展型地方政府、地方政府市场主义等理论和解释框架，在我国中央政府和地方政府关系背景下，重点研究了深圳市保障性住房体系、保障性住房建设筹集的三种模式、保障性住房分配等环节。研究揭示，深圳市保障性住房供应的发展，总体呈现"发展型"导向的特征。具体而言，本书对以下几个方面的内容进行了实证研究：深圳市保障性住房体系的发展演变特征及驱动机制；地方政府通过各种制度和规则的创新，积极引入市场等多元主体参与，构建起保障性住房建设筹集的三种模式；深圳市保障性住房的分配政策及实践；以"问题-策略"为基本思路，提出深圳市保障性住房供应的未来对策和建议。本书主要的研究结论如下。

结论一：深圳市"发展型"导向的保障性住房体系，是在我国向下放权和市场化改革的背景下，地方政府积极将保障性住房体系的目标与经济、城市发展捆绑的结果。"发展型"导向的保障性住房体系表现为对出售型保障性住房的积极推动，以及人才群体在保障性住房体系中的地位得到强化。

深圳住房自有率仅略微超出 30%，意味着大部分居民必须租房住。商品房规模总量较小，且价格高，无法满足城市大部分居民的居住需求，特别是新市民等群体。因而，"十二五"时期，深圳市完成了国家要求的户籍低收入住房困难家庭"应保尽保"后，积极拓展保障性住房体系的"发展型"特征。这不仅表现为人才住房的逐步发展，包括保障性住房供应数量的较大规模向人才群体倾斜、形成公租房定向人才群体的分配制度，而且表现为面向普通中低收入群体的公租房和安居型商品房，以入深圳户籍时间的长短和社保缴纳年限等社会经济贡献度，作为准入和排队的标准。

结论二：深圳保障性住房建设筹集模式及制度安排，注重从经济可行性角度，强调各主体的利益关系平衡。从结构分析的视角，本书引入地方政府市场主义的解释框架，将深圳现存的"多元化"保障性住房建设筹集分为三种模式：政府主导开发建设模式、国企主导开发建设模式和政企合作建设筹集模式。首先，就企业参与而言，深圳城市经济的持续增长和房地产市场的繁荣发展，使在深圳从事房地产开发，包括城市更新、棚户区改造、"工改保"等产权型的保障性住房建设，对多数企业来说，具有较强的吸引力。其次，深圳市建设用地的短缺，使市政府进行了多样化的探索，将保障性住房的建设筹集与可盘活的存量用地、房屋等资源相结合。最后，各种资源的盘活和行动主体的激励，需要通过制度和政策创新，而深圳在我国城市体系中的独特地位，以及特区身份所具有的立法权、国家赋予的先行先试等角色，都使深圳的创新和探索能够得到制度方面的保障，具有相对的稳定性。可以认为，市级政府在整合各种资源、积极吸引企业等多主体参与保障性住房建设筹集，构建成熟完善的制度和体系方面，发挥了关键作用，也进行了积极的探索和实践。但是，当前的保障性住房建设筹集模式过于强调"效率"，特别是区政府主导开发建设的项目，面向人才的出租型保障性住房是重点；而企业主导开发建设的保障性住房项目，如多倾向于安居型商品房建设或出租型人才住房等。面向中低收入群体供应的普通公租房，在实际建设筹集中面临较多困难。

结论三：就保障性住房供应过程中各主体的角色而言，市级政府的地位尤为凸显。不管是保障性住房体系发展变化的宏观结构，还是保障性住房建设筹集和分配活动所形成的微观结构，市级政府在各个结构中均扮演关键角色，推动各个结构协调运作。

在央地政府构成的宏观结构中，理论上地方政府较难具备影响宏观结构的能力。在保障性住房的发展中，中央政府仅仅划定底线和原则，而将较大的自由裁量权交给地方政府，仅在关键的时刻对地方政府的行动给予督促或约束。因而在中央放权的大多数情况下，地方政府对各自的保障性住房体系建构具有相对自主的掌控权。深圳保障性住房体系的"发展型"特征，即深圳市政府积极寻求保障性住房体系转型发展的实践成果。

在地方层面，深圳市的城市发展背景和条件，也赋予了深圳市政府积极调控市场，联合各方主体，盘活资源，进行多渠道供应保障性住房的基础。如深圳市房地产市场的独特性，城市长期稳定的经济增长趋势，都使房地产开发商参与城市更新、棚户区改造甚至保障性住房的建设（部分），具有潜在的盈利空间，进而表现出一定的积极性。

在市级与区级政府的角色方面。市级政府拥有保障性住房供应的动力，而区级政府积极寻求经济发展、留足产业用地而对保障性住房的建设筹集尚显被动。比如，在一些具体的保障性住房建设筹集模式中，由于制度机制的不完善，以及利益协商机制尚不成熟，部分主体的表现不积极，因而推动缓慢。

此外，就结构分析的理论而言，宏观结构与微观结构是一种相互协调共进的演化路径。对深圳市保障性住房供应的实证研究，却表现为相对不同的路径。具体而言，在我国放权改革的背景下，地方政府在保障性住房体系建构的宏观结构以及建设筹集和分配的微观结构中，均占主导作用。而微观结构作为宏观结构的支撑，在保障性住房的供应方面，往往服务、服从于宏观保障性住房体系的发展。一种微观结构由于资源禀赋或市场环境变化逐渐衰落后，市政府会主导探索其他可能的微观结构，继续推进保障性住房建设筹集，服务于保障性住房体系的发展目标。由此可见，我国政府在政策设计和制度制定中的主导地位，使我国保障性住房供应中的相关结构形成和发展演化，呈现相对独特的路径。

结论四：在深圳市保障性住房供应的发展对策方面，未来应该以"效率和公平有机统一"为出发点，以包容性和可持续性为原则，积极推动保障性住房供应。具体而言，在保障性住房体系的建构方面：①将广泛的中低收入群体纳入住房保障范围，构建包容性的保障性住房体系；②在供应的保障性住房类型方面，积极发展以公租房为主的保障性住房体系；③协调以中低收入群体和人才群体为对象的保障，平衡基本保障和非基本保障之间的关系。在保障性住房的建设筹集方面：①调整政府政策的着力点，在当前注重各种建设模式利益平衡机制建构的基础上，强化面向中低收入群体的普通公租房建设筹集，探索公平导向的保障性住房建设筹集模式；②调整国有企业的角色，充分发挥其积极作用，承担社会责任；③注重对保障性住房建设筹集结果的评估，强化保障性住房项目公共服务设施的供给。在保障性住房分配方面，强化分配方案制定的公开透明，建构公众参与分配方案制定的渠道和平台。

7.2 主要创新点

本书以深圳市保障性住房供应为研究对象，遵循结构-过程范式，构建保障性住房供应体系、建设模式和分配机制的研究框架，并将其应用于对深圳市保障性住房供应的实证研究中，着重对深圳市保障性住房体系的发展、保障性住房建设筹集模式和分配进行分析。研究的创新点有以下几个方面。

（1）以结构-过程范式为基础，构建深圳市保障性住房供应的理论分析框架。

作为住房研究的重要领域，保障性住房相关研究因涉及多学科、多专业，呈现"专"而"散"的特征。科学研究的目的在于发现规律、加深我们对现实世界运行的认识。因而，本着综合、整体性的视角，借鉴结构分析的方法，力图综合已有关于保障性住房供应的研究，进行总结和分析，发现规律。在本书中，结构的概念，主要指行动者基于互动而形成的关系结构。借鉴高阶结构（宏观结构）和低阶结构（微观结构）的区分，将影响地方保障性住房体系发展的两个关键主体，中央政府和地方政府的关系，界定为宏观结构。而保障性住房建设筹集和分配的模式，以及各种模式背后的行动主体之间的互动关系，界定为微观结构。就各种结构的理论关系而言，宏观结构奠定微观结构的发生背景和环境，微观结构的发展和变化，也会进一步改进宏观结构。在深圳市保障性住房的供应方面，我们发现，各种结构的类型与理论之间的协同演化有所不同，突出地表现为中央放权背景下，地方政府在宏观和微观结构中的主导地位。具体而言，中央放权和市场化改革背景下，深圳市政府拥有相对较强的动力，根据自身经济发展的需要，部分调整保障性住房体系的功能和角色。由于在建设筹集和分配的微观结构中，市政府依然是政策和制度规则的制定者，因而能够相应调整微观结构的建构，使其符合保障性住房体系发展的方向。可以认为，在我国中央放权的背景下，地方政府具有的相对自主性和政策制度制定权，使微观结构更多地服务、服从于宏观结构的意图和目的，至少在保障性住房的供应方面，这一特征有一定程度的展现。基于深圳市保障性住房供应的实证研究，所探究到的地方政府在宏观结构和微观结构中的主导性地位，对丰富和深化我国发展环境下的结构分析具有理论意义。

（2）城市规划等以空间为研究对象的学科，多注重对空间表征的分析。保障性住房社区作为一个空间对象，本书重点关注其生产过程及背后的机制。具体而言，着重从保障性住房体系的发展、保障性住房建设筹集模式以及分配机制等方面，探究保障性住房社区生产过程中的制度建构和行动主体关系，从而将体系、模式和分配等制度性因素，与空间表征链接，丰富保障性住房社区空间生产的机制分析。总体而言，保障性住房体系的设定，决定了保障性住房在社会经济发展中所扮演的角色，从供应的规模和供应的对象两个维度来理解。供应规模方面，涉及保障性住房的建设筹集模式，不同的建设筹集模式下，由于新增、存量土地或房屋资源等的差异，所建设的保障性住房小区呈现物质空间方面的差异性，如区位、公共服务设施供给等。而供应对象的设定，则需要相应的分配机制作为支撑。将什么类型、规模的房源（小区）分配给什么样的群体，则直接决定了保障性住房小区的社会空间特征。

（3）深圳市作为我国市场化程度最高的城市，从结构分析的视角对其保障性住房供应进行研究，在一定程度上揭示了我国地方政府在积极寻求市场力量进行保障性住房发展方面的实践，探索其特色及潜在的影响。全国层面，就一般特征而言，深圳市政府能够强有力地对市场进行干预。而且深圳市城市历史和社会经济发展的独特性，使政府通过各种制度和政策的制定，来撬动和盘活各种资源，激发多种主体参与保障性住房供应，具有可行性。也就是说，通过制度来释放能量、激发市场主体等参与的积极性，具有可行性。而深圳市住房市场的独特性，以及城市和经济社会发展的客观需求，也使深圳市政府有动力去积极发展保障性住房，即政府与市场结合，在深圳既有动力，也有现实可行性。

7.3 研究的不足

受到研究资料和数据收集、研究方法以及研究视角等方面的限制，本书还存在以下方面的不足之处。

（1）本书采取结构分析的视角，尝试以综合性、整合性的视角将保障性住房供应的相关研究进行整合，构建整体性分析框架。虽然综合性研究具有重要性，但是由于强调综合和整合，也会在具体实证分析的深度、实证案例细节的丰富度等方面存在不足。从结构分析视角分析了行动主体关系的不对等以及产生的影响等，未能够从更为微观和细致的层面，对住房分配活动中的申请者，特别是企业单位和个体申请者，进行大规模细致的调查和研究，进一步揭示其对分配方案的看法、主观的意愿以及分配方式的不同给他们日常生活和居住体验带来的影响等。

（2）本书的案例选择方面，特别是建设筹集模式中的案例选择，采取方便调研为主。这是因为，调研期间正值疫情防控时期，对案例对象的访谈，采取方便访谈和资料收集的原则，方便研究进展的推进。因此，在具体案例选择时，多通过熟人介绍以及滚雪球等方式，获得调研案例的相关资料，或对相关案例的负责人进行访谈。

（3）保障性住房体系的构建及未来发展，需要从城市的总体层面，考虑到城市的人口结构、住房状况、经济产业发展等方面。本书在已有相关理论和文献研究的基础上，结合实证调研，对深圳市保障性住房供应体系、建设筹集模式和分配机制进行分析，并提出相应对策。本书未结合深圳市的总体人口结构、住房需求、经济产业发展以及城市空间拓展等各方面的综合分析，提出更符合地方现实的保障性住房体系的发展对策。

7.4 研究展望

保障性住房供应涉及诸多学科和领域，结构–过程范式为相关研究的综合提供了一个出发点和契机。未来可以考虑从以下方面继续开展深入的研究。

（1）在我国的社会经济背景下，各地应该构建怎样的保障性住房体系，应该从各学科、专业领域，进行充分的研究和探讨。总体而言，结合国内外经验，中央政府在引导和规范地方政府保障性住房体系建构时，应以"保基本"为原则，在守住住房保障底线的同时，给予地方政府充分的主动性，激发地方的积极性。而在地方层面，各地由于社会经济发展等方面差异较大，关于各地是否应建立相对独立的住房保障体系的讨论，尚未多见。但是，在福利地方化趋势日益全球蔓延的背景下，未来的研究应该更多地关注基于地方的保障性住房体系完善问题。

（2）在保障性住房建设筹集的模式方面，我国深化供给侧改革的背景下，市场参与成为必然。这在一定程度上有助于地方政府以效率为导向，进行保障性住房的建设筹集工作。但是在追求效率的同时，如何做到"效率和公平有机统一"，是一个相对宏大的议题。为促进保障性住房有效供给（建设筹集），政府与市场和社会主体形成相对稳定的利益共享机制是长久之计。但是在复杂的博弈中，政府与市场的边界应如何界定？地方政府应该扮演怎样的角色，在促进保障性住房建设效率的同时怎样守住公平？

（3）在保障性住房的分配方面，如何根据保障性住房的体系特征，以及建设筹集能力，构建面向广大低收入群体的公平、高效的分配机制，是一个重要议题。在保障性住房的分配规则方面，是否可以不以户籍、社保和人才"论英雄"，让国际化大都市真正成为一个有温度的城市，也需要进行持续深入的研究。

参考文献

北京房地产,1997,《1997年安居工程工作的基本原则及规模计划——李铁映在安居工程工作电话会议上的讲话(摘要)》,《北京房地产》第5期。

北京市统计局、国家统计局北京调查总队,2019,《北京市2018年国民经济和社会发展统计公报》,3月20日,https://www.beijing.gov.cn/gongkai/shuju/tjgb/201903/t20190320_1838195.html。

北京市住建委,2019,《北京住房和城乡建设发展白皮书(2019)》。

陈霭贫,2017,《求索中奋进——深圳住房制度改革与实践》,中国社会科学出版社。

陈峰,2012,《我国住房保障体系的优化重构——基于体系顶层设计视角的探讨》,《华中师范大学学报》(人文社会科学版)第5期。

陈险峰、刘友平,2012,《公共租赁房退出机制及其政策选择》,《城市问题》第6期。

陈向明,2009,《质的研究方法》,重庆大学出版社。

党云晓、张文忠、刘志林,2014,《北京经济适用房布局特征及影响因素研究》,《地理研究》第5期。

风笑天，2018，《社会科学研究方法》，中国人民大学出版社。

顾昕、杨艺，2019，《让互动/协作治理运作起来：荷兰的住房协会与社会住房的提供》，《广东社会科学》第1期。

广州市统计局、国家统计局广州调查队，2019，《2018年广州市国民经济和社会发展统计公报》，4月2日，https://www.gz.gov.cn/ysgz/tjsj/content/mpost_3102451.html。

广州市住房保障办公室，2016，《和谐安居惠民生——广州市大力推进保障性安居工程建设》，《广东经济》第4期。

《深圳房地产年鉴》编辑委员会主编，1994，《深圳房地产年鉴1994》，人民中国出版社。

郭洁、赵宁，2014，《论保障房用地法律制度的创新》，《法学杂志》第1期。

国家发展计划委员会、建设部、国土资源部，2002，《关于下达2002年经济适用住房建设投资和信贷指导计划的通知》。

国家发展计划委员会、建设部、国土资源部、中国工商银行、中国农业银行、中国银行、中国建设银行，2001，《关于下达2001年经济适用住房建设投资计划和信贷指导计划的通知》。

国家发展计划委员会、建设部、国土资源部、中国人民银行、中国工商银行、中国农业银行、中国银行、中国建设银行，2000，《关于下达2000年经济适用住房建设投资计划和信贷指导计划的通知》。

国家发展计划委员会、中国人民银行，1998，《关于下达1998年第二批国家安居（经济适用住房）工程建设投资计划的通知》。

国家计委、人行、建设部、国土资源部、工行、农行、中国银行、建行，1998，《关于下达1998年第三批经济适用住房（安居工程）建设投资计划和信贷计划的通知》。

国家计委、中国人民银行，1998，《关于下达 1998 年国家安居（经济适用住房）工程建设投资计划的通知》。

国家统计局，2003，《中国统计年鉴 2003》，中国统计出版社。

国家统计局，2011，《中国统计年鉴 2011》，中国统计出版社。

国家统计局，2012，《中华人民共和国 2011 年国民经济和社会发展统计公报》。

国家统计局，2016，《中国统计年鉴 2016》，中国统计出版社。

国家统计局，2019，《建筑业持续快速发展 城乡面貌显著改善——新中国成立 70 周年经济社会发展成就系列报告之十》。

国家统计局、中国指数研究院，2011，《2011 中国房地产统计年鉴》，中国统计出版社。

国务院办公厅，1995，《关于转发国务院住房制度改革领导小组国家安居工程实施方案的通知》。

国务院住房制度改革领导小组，1996，《关于搞好 1996 年国家安居工程工作的通知》。

贺燕，2014，《政府主导保障房融资模式的改进》，《西安财经学院学报》第 1 期。

洪亮平、王旭，2013，《美国保障性住房政策变迁及其启示》，《城市发展研究》第 6 期。

侯淅珉，1995，《国家安居工程的政策框架及其对房改的意义》，《北京房地产》第 12 期。

胡金星、陈杰，2013，《公共租赁住房分配模式的国际比较》，《城市问题》第 6 期。

胡毅、张京祥、吉迪恩·博尔特、皮特·胡梅尔，2013，《荷兰住房协会——社会住房建设和管理的非政府模式》，《国际城市规划》第 3 期。

珈宝，2008，《2008 年全国廉租房计划落定》，《中国房地产金融》第
　　8 期。

贾春梅，2013，《保障房有效供给不足的原因分析和政策建议》，《现
　　代管理科学》第 12 期。

建设部、中华全国总工会，1990，《解决城镇居住特别困难户住房问
　　题的若干意见》。

蒋和胜、王波，2016，《"十二五"以来我国保障性住房资金来源渠
　　道分析》，《宏观经济研究》第 4 期。

焦怡雪，2018a，《完善住房发展规划编制与实施机制的思考》，2018 中
　　国城市规划年会，杭州。

焦怡雪，2018b，《政府监管、非营利机构运营的荷兰社会住房发展模
　　式》，《国际城市规划》第 6 期。

焦怡雪、尹强，2008，《关于保障性住房建设比例问题的思考》，《城
　　市规划》第 9 期。

康峰，2012，《国外保障性住房融资模式与启示》，《中国金融》第
　　24 期。

赖亚妮、吕亚洁、秦兰，2018，《深圳市 2010-2016 年城市更新活动
　　的实施效果与空间模式分析》，《城市规划学刊》第 3 期。

雷颖、君郭、静易琳，2011，《城市保障性住房的金融支持立法研
　　究——基于公共租赁房建设运用 REITs 融资视角》，《法学杂志》
　　第 S1 期。

李莉，2019，《妥协的立法——20 世纪美国公共住房的三部基本法规
　　评析》，《吉林大学社会科学学报》第 2 期。

李铁映，1996，《全面贯彻落实〈决定〉加快建立城镇住房新制度》，
　　《经济研究参考》第 30 期。

林金忠、袁国龙，2014，《公租房租金的定价机制与政策研究——基

于城市经济学的视角》，《广东社会科学》第 2 期。

林卡、高红，2007，《中国经济适用房制度发展动力和制度背景分析》，《中国软科学》第 1 期。

林乐芬、边皓，2012，《经济适用房的财政金融政策支持效应的实证分析——基于江苏省 1997—2010 年的经验数据》，《中国土地科学》第 11 期。

林艳柳、刘铮、王世福，2017，《荷兰社会住房政策体系对公共租赁住房建设的启示》，《国际城市规划》第 1 期。

刘礼聪，2014，《从结构主义到建构主义和解构主义》，《理论导报》第 5 期。

刘守英、邵挺，2012，《关于落实 2012 年保障性安居工程用地的调查及建议》，《中国发展观察》第 8 期。

刘望保、闫小培，2015，《2000-2010 年广州市住房产权管理角色变化分析》，《地理学报》第 6 期。

刘潇、马辉民、张金隆、刘昌猛，2014，《关于保障房公平分配的问题》，《城市问题》第 1 期。

刘寅、朱庄瑞，2016，《新常态下我国房地产市场变化分析与调整思路》，《现代管理科学》第 7 期。

刘玉亭、何微丹，2016，《广州市保障房住区公共服务设施的供需特征及其成因机制》，《现代城市研究》第 6 期。

刘玉亭、邱君丽，2018a，《从"大众模式"到"剩余模式"：1990 年代以来中国城镇保障房政策体系的演变》，《现代城市研究》第 2 期。

刘玉亭、邱君丽，2018b，《企业主义视角下大城市保障房建设的策略选择及其社会空间后果》，《人文地理》第 4 期。

刘志林、韩雅飞，2010，《规划政策与可支付住房建设——来自美国和英国的经验》，《国际城市规划》第 3 期。

柳泽、邢海峰，2013，《基于规划管理视角的保障性住房空间选址研究》，《城市规划》第 7 期。

卢为民、姚文江，2011，《中外公共租赁住房租金定价机制比较研究》，《城市问题》第 5 期。

路君平、糜云，2011，《我国保障房的发展现状与融资渠道探析》，《中国社会科学院研究生院学报》第 6 期。

罗伯特·K. 殷，2024，《案例研究方法的应用》（第 3 版），周海涛、夏欢欢译，重庆大学出版社。

马秀莲、范翻，2020，《住房福利模式的走向：大众化还是剩余化？——基于 40 个大城市的实证研究》，《公共管理学报》第 1 期。

毛小平、陆佳婕，2017，《并轨后公共租赁住房退出管理困境与对策探讨》，《湖南科技大学学报》（社会科学版）第 1 期。

聂晨，2018，《比较视野下的中国住房体制的演进与趋势——基于公共住房边缘化程度的分析》，《公共行政评论》第 2 期。

人民日报，2011，《截至 5 月底 2011 年全国已开工保障性住房 340 万套》，6 月 14 日，https://www.gov.cn/jrzg/2011-06/14/content_1883524.htm。

任泽平，2019，《中国住房存量报告：2019》，新浪微博，8 月 16 日，https://weibo.com/ttarticle/p/show? id=2309404405899476205698。

任泽平、张宝军，2011，《我国经济增长模式比较：内需与外需》，《改革》第 2 期。

若谷，2001，《深圳安居房上市步入"快车道"》，《中外房地产导报》第 7 期。

上海市人民政府，2012，《关于印发上海市住房发展"十二五"规划的通知》。

上海市统计局、国家统计局上海调查总队，2019，《2018 年上海市国
民经济和社会发展统计公报》，11 月 15 日，https://tjj. sh. gov. cn/
tjgb/20191115/0014-1003219. html。

深圳市地方志编纂委员会，2005，《深圳市志-基础建设卷》，方志出
版社。

深圳市规土委，2017，《关于促进我市住房租赁市场发展的汇报》。

《深圳房地产年鉴》编辑委员会主编，2005，《深圳房地产年鉴 2005》，
海天出版社。

深圳市人民政府办公厅，2007，《关于引发 2007 年深圳市户籍住房困难
家庭情况普查工作方案的通知》，深圳政府在线，9 月 18 日，ht-
tps://www. sz. gov. cn/zfgb/2007/gb564/content/post_4953236. html。

深圳市人民政府住房制度改革办公室、深圳市国土资源和房产管理局，
2005，《深圳房改全记录（1988~2005）》，广东经济出版社。

深圳市人民政府住房制度改革办公室、深圳市国土资源和房产管理局，
2016，《深圳房改全记录（2006~2015）》，广东经济出版社。

深圳市统计局、国家统计局深圳调查队，2018，《深圳统计年鉴 2018》，
中国统计出版社。

深圳市统计局、国家统计局深圳调查队，2019a，《深圳统计年鉴 2019》，
中国统计出版社。

深圳市统计局、国家统计局深圳调查队，2019b，《深圳市 2018 年国
民经济和社会发展统计公报》，4 月 19 日，https://www. sz. gov. cn/
cn/xxgk/zfxxgj/tjsj/tjgb/content/post_1333661. html。

深圳市统计局、国家统计局深圳调查队，2020，《深圳统计年鉴 2020》，
中国统计出版社。

深圳市住房和建设局，2012，《深圳市 2012 年计划竣工保障性安居工

程项目汇总表》，https://zjj. sz. gov. cn/ztfw/zfbz/xmxx2017/content/post_6565179. html。

深圳市住房和建设局，2013，《深圳市 2013 年保障性安居工程计划基本建成及竣工项目表》，https://zjj. sz. gov. cn/ztfw/zfbz/xmxx2017/content/post_6565175. html。

深圳市住房和建设局，2014，《深圳市 2014 年计划基本建成保障性安居工程项目表》，https://zjj. sz. gov. cn/ztfw/zfbz/xmxx2017/content/post_6565169. html。

深圳市住房和建设局，2015a，《深圳市 2015 年 1-6 月保障性安居工程基本建成项目表》，https://zjj. sz. gov. cn/ztfw/zfbz/xmxx2017/content/post_6565159. html。

深圳市住房和建设局，2015b，《深圳市 2015 年 7-12 月基本建成保障性安居工程项目表》，https://zjj. sz. gov. cn/ztfw/zfbz/xmxx2017/content/post_6565155. html。

深圳市住房和建设局，2016a，《深圳市 2016 年 1-9 月保障性安居工程计划基本建成项目表》，https://zjj. sz. gov. cn/attachment/1/1150/1150818/6565148. pdf。

深圳市住房和建设局，2016b，《深圳市 2016 年 10-12 月保障性安居工程基本建成项目表》，https://zjj. sz. gov. cn/attachment/1/1150/1150813/6565143. pdf。

深圳市住房和建设局，2017，《深圳市 2017 年保障性安居工程基本建成项目表》，https://zjj. sz. gov. cn/attachment/1/1150/1150802/6565129. pdf。

深圳市住房和建设局，2018，《深圳市 2018 年安居工程基本建成（含竣工）项目表》，https://zjj. sz. gov. cn/attachment/1/1150/1150781/6565120. pdf。

石薇、王洪卫、谷卿德，2014，《公租房建设资金可持续运作研究》，《城市问题》第 12 期。

宋博通，2002，《从公共住房到租金优惠券——美国低收入阶层住房政策演化解析》，《城市规划汇刊》第 4 期。

孙斌栋、刘学良，2009，《美国混合居住政策及其效应的研究述评——兼论对我国经济适用房和廉租房规划建设的启示》，《城市规划学刊》第 1 期。

孙俊、林英陆，1992，《深圳十年规划建设理论与实践初探》，《深圳大学学报》（人文社会科学版）第 3 期。

孙立平，2010，《"过程—事件分析"与当代中国农村国家农民关系的实践形态》，载谢立中主编《结构—制度分析，还是过程—事件分析?》，社会科学文献出版社。

孙守纪、孙洁，2013，《完善我国社会保障性住房制度：基于政府视角》，《中国行政管理》第 10 期。

谭锐，2017，《中国保障性住房体系的演进、特点与方向》，《深圳大学学报》（人文社会科学版）第 2 期。

谭锐、黄亮雄、韩永辉，2016，《保障性住房建设困境与土地财政压力——基于城市层面数据的实证研究》，《现代财经》（天津财经大学学报）第 12 期。

谭禹，2015，《破解我国保障性住房融资难题的构想——基于政策性住房金融视角的分析》，《价格理论与实践》第 7 期。

汤磊、李德智，2012，《面向无缝衔接的公共租赁住房租金政策研究——以上海、北京为例》，《现代管理科学》第 8 期。

唐果、吴双燕、贺翔，2008，《我国经济适用房政策失败探析》，《经济问题探索》第 8 期。

唐玉兰、肖怡欣，2012，《我国保障性住房融资策略探讨》，《经济纵横》第 3 期。

陶然、孟明毅，2012，《土地制度改革：中国有效应对全社会住房需求的重要保证》，《国际经济评论》第 2 期。

田玉忠、黄真帅，2011，《我国保障性住房体系发展可持续性探讨》，《宁夏大学学报》（人文社会科学版）第 3 期。

仝德、冯长春、邓金杰，2011，《城中村空间形态的演化特征及原因——以深圳特区为例》，《地理研究》第 3 期。

王琨，2013，《保障性住房建设运营中的企业参与问题研究》，《城市发展研究》第 3 期。

王洛忠、李帆、常慧慧，2014，《我国保障性住房政策过程中政府协同行为研究》，《中国行政管理》第 2 期。

王敏，2018，《中国保障房配建模式的政策逻辑研究》，《兰州学刊》第 11 期。

王石生，2012，《关于保障房融资问题的研讨综述》，《经济研究参考》第 60 期。

王向峰，2018，《从结构主义到德里达的解构主义》，《辽宁大学学报》（哲学社会科学版）第 1 期。

王英、钟清、顾湘，2012，《公共租赁住房体系运行资金来源问题研究》，《重庆大学学报》（社会科学版）第 4 期。

韦颜秋、游锡火、马明，2013，《封闭性金融体系与租赁型保障房融资——来自美国 LIHTC 的经验》，《城市发展研究》第 6 期。

魏建、张昕鹏，2008，《市场的制度性分割：经济适用房制度的博弈分析》，《山东大学学报》（哲学社会科学版）第 1 期。

吴宾、徐萌，2017，《中国住房保障政策主题聚焦点的变迁——基于共词和聚类分析视角的分析》，《城市问题》第 5 期。

吴强，2006，《借鉴国际经验理顺我国住房发展思路》，《经济问题》

第 2 期。

吴晓林，2017，《结构依然有效：迈向政治社会研究的"结构-过程"分析范式》，《政治学研究》第 2 期。

吴晓林，2020，《新结构主义政治分析模型——马克思主义结构分析的回溯与发展》，《复旦学报》（社会科学版）第 2 期。

武中哲，2017，《住房保障制度实践中的政府行为与后果》，《上海行政学院学报》第 5 期。

肖新华，2009，《经济适用房政策失效问题研究——基于期权博弈视角》，《华东经济管理》第 3 期。

谢立中主编，2010，《结构—制度分析，还是过程—事件分析?》，社会科学文献出版社。

新华社，2013，《住房城乡建设部公布 2013 年保障房健身管理时间表》，4 月 9 日，https：//www. gov. cn/jrzg/2013-04/09/content_2373615. htm。

新华社，2014，《姜伟新：2014 年全国保障房那个计划新开工 600 万套以上》，12 月 24 日，https：//www. gov. cn/jrzg/2013 - 12/24/content_2553673. htm。

徐远、薛兆丰、王敏、李力行等，2016，《深圳新土改》，中信出版集团。

许丹艳、刘向南，2012，《保障房用地规划现存问题影响因素分析》，《城市问题》第 2 期。

许佳君、李方方，2009，《经济适用住房的政策性排斥》，《学海》第 1 期。

许莲凤，2014，《美国保障性住房融资 REITs 模式的经验及启示》，《亚太经济》第 3 期。

严荣，2014，《保障性住房建设：地方政府的行为逻辑》，《现代经济探讨》第 10 期。

杨昌鸣、张祥智、李湘桔，2015，《从"希望六号"到"选择性邻里"——美国近期公共住房更新政策的演变及其启示》，《国际城市规划》第 6 期。

杨宏山，2014，《政策执行的路径—激励分析框架：以住房保障政策为例》，《政治学研究》第 1 期。

叶晓甦、黄丽静，2013，《公平和效率指导下的我国保障性住房体系建设》，《城市发展研究》第 2 期。

曾国安、张倩，2011，《论发展公共租赁住房的必要性、当前定位及未来方向》，《山东社会科学》第 2 期。

张浩淼，2013，《澳大利亚公共住房分配体制及其启示》，《社会科学家》第 3 期。

张静，2006，《基层政权：乡村制度诸问题》，上海人民出版社。

张齐武、徐燕雯，2010，《经济适用房还是公共租赁房？——对住房保障政策改革的反思》，《公共管理学报》第 4 期。

张琪，2017，《发达国家保障房融资的做法及启示》，《经济纵横》第 4 期。

张思平，2019，《重启深圳住房制度改革之三：总结四十年得失，警惕房改偏向》，财经杂志，2 月 28 日，http://www.cxsz.org/index.php/View/view_detail/id/77.html。

张玉梅、王子柱，2014，《新加坡组屋融资模式对解决我国保障房融资问题的启示》，《经济纵横》第 5 期。

张跃国、尹涛，2018，《广州社会发展报告（2018）》，社会科学文献出版社。

赵锋、樊正德，2019，《高房价对大城市人口流入的抑制效应——来自北上广深四城市的实证证据》，《城市发展研究》第 3 期。

赵静、闫小培、朱莹，2016，《深圳市城中村"非正规住房"空间特征与演化研究》,《地理科学》第 12 期。

赵茜宇、张国伟、郑伟、张占录,2015,《保障房土地供应制度困境与重构探析——以北京市为例》,《经济体制改革》第 5 期。

赵鹬、姚立环、寿志敏,2009,《基于博弈论的经济适用房政策探讨》,《统计与决策》第 7 期。

郑思齐、张英杰,2013,《"十二五"期间保障房建设如何"保障"——基于地方政府策略选择的分析》,《探索与争鸣》第 4 期。

《中国建设年鉴》编委会,2021,《中国建设年鉴 2019》,中国建筑工业出版社。

中国政府网,2012,《2012 年保障房开工建设 700 万套以上基本建成 500 万套以上》,12 月 30 日,https://www. gov. cn/zxft/ft217/content_2033803. htm。

中华人民共和国财政部,2007,《廉租住房保障资金管理办法》。

中华人民共和国建设部,1999,《城镇廉租住房管理办法》。

中华人民共和国住房和城乡建设部,2009,《住建部:2010 年将建 180 万套廉租房和 130 万套经适房》,《城市》第 12 期。

周黎安,2017,《转型中的地方政府:官员激励与治理》,格致出版社、上海人民出版社。

住房和城乡建设部网站,2016,《2015 年全国城镇保障性安居工程开工 783 万套基本建成 772 万套》,1 月 9 日,https://www. gov. cn/xinwen/2016-01/09/content_5031671. htm。

邹兵、周亚丽、张建荣,2007,《面向中低收入阶层的住房供应模式与空间布局探究——以深圳为例》,和谐城市规划——2007 中国城市规划年会论文集,哈尔滨。

Ball, M. 1986. "Housing Analysis: Time for a Theoretical Refocus?" *Housing Studies* 1 (3): 147-166.

Ball, M. 1998. "Institutionsin British Property Research: A Review." *Urban Studies* 35 (9): 1501-1517.

Basolo, V. 1999. "Passing the Housing Policy Baton in the Us: Will Cities Take the Lead?" *Housing Studies* 14 (4): 433-452.

Basolo, V. and Scally, C. P. 2008. "State Innovations in Affordable Housing Policy: Lessons from California and New Jersey." *Housing Policy Debate* 19 (4): 741-774.

Blessing, A. 2015. "Public, Private, or in-Between? The Legitimacy of Social Enterprises in the Housing Market." *International Society for Third Sector Research* 26: 198-221.

Blessing, A. 2016. "Repackaging the Poor? Conceptualising Neoliberal Reforms of Social Rental Housing." *Housing Studies* 31 (2): 149-172.

Boelhouwer, P. J. 2007. "The Future of Dutch Housing Associations." *Journal of Housing and the Built Environment* 22: 383-391.

Brassil, M. M. 2010. *The Creation of a Federal Partnership—The Role of the States in Affordable Housing*. New York: Suny Press.

Bratt, R. G. 2018. "Affordable Rental Housing Development in the U. S. For-Profit Sector: Implications of a Case Study of Mccormack Baron Salazar." *Housing Policy Debate* 28 (4): 489-514.

Bratt, R. G., Rosenthal, L. A., and Wiener, R. J. 2018. "Organizational Adaptations of Nonprofit Housing Organizations in the U. S. : Insights from the Boston and San Francisco Bay Areas." In Conference of European Network for Housing Research, Uppsala.

Brunick, N., Goldberg, L., and Levine, S. 2004. "Voluntary or Mandatory Inclusionary Housing? Production, Predictability, and Enforcement Report. " Business and Professional People for the Public Interest (Bpi).

Burrows, R. 1999. "Residential Mobility and Residualisation in Social Housing in England. " *Journal of Social Policy* 28 (1): 27-52.

Calavita, N. and Mallach, A. 2010. "Inclusionary Housing in International Perspective: Affordable Housing, Social Inclusion, and Land Value Recapture. " Lincoln Institute of Land Policy.

Chen, G. 2016. "The Heterogeneity of Housing-Tenure Choice in Urban China: A Case Study Based in Guangzhou. " *Urban Studies* 53 (5): 957-977.

Chen, J. , Yang, Z. , and Wang, Y. P. 2014. "The New Chinese Model of Public Housing: A Step Forward or Backward?" *Housing Studies* 29 (4): 534-550.

Easton, D. 2016. *The Analysis of Political Structure*. Beijing: Peking University Press.

English, J. 1982. "Must Council Housing Become Welfare Housing?" *Housing Review*.

Esping-Andersen, G. 1990. *The Three Worlds of Welfare Capitalism*. Cambridge: Polity Press.

Forrest, R. and Murie, A. 1983. "Residualization and Council Housing: Aspects of the Changing Social Relations of Housing Tenure. " *Journal of Social Policy* 12 (4): 453-468.

Friedman, R. and Rosen, G. 2019. "The Challenge of Conceptualizing Affordable Housing: Definitions and Their Underlying Agendas in Israel. " *Housing Studies* 34 (4): 565-587.

Fu, Q. and Lin, N. 2013. "Local State Marketism: An Institutional

Analysis of China's Urban Housing and Land Market. " *Chinese Socio-logical Review* 46 (1): 3-24.

Gao, L. 2010. "Achievements and Challenges: 30 Years of Housing Reforms in the People's Republic of China. " *Asian Development Bank Economics Working Paper Series* (198).

Goetz, E. G. 1995. *Shelter Burden: Local Politics and Progressive Housing Policy*. Philadelphia: Temple University Press.

Granath Hansson, A. and Lundgren, B. 2019. "Defining Social Housing: A Discussion on the Suitable Criteria. " *Housing, Theory and Society* 36 (2): 149-166.

Haffer, M., Hoekstra, J., Oxley, M. and Heijden, H. V. D. 2010. "Universalistic, Particularistic and Middle Way Approaches to Comparing the Private Rental Sector. " *International Journal of Housing Policy* 10 (4): 357-377.

Harole, M. 1995. *The People's Home? Social Rented Housing in Europe & America*. Oxford and Cambrilae: Blackwell Publishers.

Healey, P. 1992. "An Institutional Model of the Development Process. " *Journal of Property Research* 9 (1): 33-44.

Healey, P. and Barrett, S. M. 2017. *Structure and Agency in Land and Property Development Processes: Some Ideas for Research*. Rougledge.

Healy, K. 2017. "Fuck Nuance. " *Sociological Theory* 35 (2): 118-127.

He, S. and Lin, G. C. S. 2015. "Producing and Consuming China's New Urban Space: State, Market and Society. " *Urban Studies* 52 (15): 2757-2773.

Hills, J. 2007. "The Future of Social Housing in England. " LSE STIC-ERD Research Paper no. CASEREPORT34.

Hoekstra, J. 2020. "Comparing Local Instead of National Housing Regimes? Towards International Comparative Housing Research 2.0." *Critical Housing Analysis* 7 (1): 74–85.

Huang, Y. 2012. "Low-Income Housingin Chinese Cities: Policies and Practices." *The China Quarterly* 212: 941–964.

Hu, F. Z. Y. and Qian, J. 2017. "Land-Based Finance, Fiscal Autonomy and Land Supply for Affordable Housing in Urban China: A Prefecture-Level Analysis." *Land Use Policy* 69: 454–460.

Kemeny, J. 1981. *The Myth of Home Ownership: Private Versus Public Choices in Housing Tenure.* London: Routledge.

Kemeny, J. 1995. *From Public Housing to Social Market.* London: Routledge.

Kemeny, J. 2001. "Comparative Housing and Welfare: Theorising the Relationship." *Journal of Housing and the Built Environment* 16 (1): 53–70.

Kemeny, J. 2005. "The Really Big Trade-Off Between Homeownership and Welfare: Castles' Evaluation of the 1980 Thesis and a Reformulation 25 Years on." *Housing, Theory and Society* 22: 59–75.

Kemeny, J. 2006. "Corporatism and Housing Regimes." *Housing, Theory and Society* 23 (1): 1–18.

Kemeny, J., Kersloot, J., and Thalmann, P. 2005. "Non-Profit Housing Influencing, Leading and Dominating the Unitary Rental Market: Three Case Studies." *Housing Studies* 20 (6): 855–872.

Kleit, R. G. and Page, S. B. 2008. "Public Housing Authorities Under Devolution." *Journal of the American Planning Association* 74 (1): 34–44.

Kleit, R. G. and Page, S. B. 2015. "The Changing Role of Public Housing Authorities in the Affordable Housing Delivery System." *Housing Studies* 30 (4): 621-644.

Kuang, W. and Li, X. 2012. "Does China Face a Housing Affordability Issue? Evidence from 35 Cities in China." *International Journal of Housing Markets and Analysis* 5 (3): 272-288.

Lee, J. 2000. "From Welfare Housingto Home Ownership: The Dilemma of China's Housing Reform." *Housing Studies* 15 (1): 61-76.

Lennartz, C. 2011. "Power Structures and Privatization Across Integrated Rental Markets: Exploring the Cleavage Between Typologies of Welfare Regimes and Housing Systems." *Housing, Theory and Society* 28 (4): 342-359.

Li, B., Tong, D., Wu, Y. et al. 2019. "Government-Backed 'Laundering of the Grey' in Upgrading Urban Village Properties: Ningmeng Apartment Project in Shuiwei Village, Shenzhen, China." *Progress in Planning* 146 (2): 100436.

Li, S. and Zheng, Y. 2007. "The Road to Homeownership Under Market Transition: Beijing, 1980 - 2001." *Urban Affairs Review* 42 (3): 342-368.

Li, Z. and Wu, F. 2008. "Tenure-Based Residential Segregation in Post-Reform Chinese Cities: A Case Study of Shanghai." *Transactions of the Institute of British Geographers* 33 (3): 404-419.

Lin, Y. 2018. "An Institutional and Governance Approach to Understand Large-Scale Social Housing Construction in China." *Habitat International* 78: 96-105.

Liu, Y., Geertman, S., Van Oort, F. et al. 2019. "Making the 'Invisible' Visible: Redevelopment-Induced Displacement of Migrants in Shenzhen, China. " *International Journal of Urban and Regional Research* 42 (3): 483–499.

Logan, J. R. , Fang, Y. , and Zhang, Z. 2010. "The Winners in China's Urban Housing Reform. " *Housing Studies* 25 (1): 101–117.

Maclennan, D. and Clapham, D. 1983. "The Residualisation of Public Housing: A Non-issue. " *Housing Review*.

Malpass, P. 1983. "Residualisation and the Restructuring of Housing Tenure. " *Housing Review*: 44–45.

Malpass, P. 1999. "Housing Associations and Housing Policy in Britain Since 1989. " *Housing Studies* 14 (6): 881–893.

Malpass, P. 2003. "The Wobbly Pillar? Housing and the British Postwar Welfare Sttate. " *Journal of Social Policy* 32 (4): 589–606.

Malpass, P. 2008. "Housing and the New Welfare State: Wobbly Pillar or Cornerstone? " *Housing Studies* 23 (1): 1–19.

Malpass, P. and Murie, A. 1999. *Housing Policy and Practice* (Fifth Edition). Macmillan.

Malpass, P. and Victory, C. 2010. "The Modernization of Social Housing in England. " *International Journal of Housing Policy* 10 (1): 3–18.

Meusen, H. and Kempen, R. V. 1995. "Towards Residual Housing? A Comparison of Britain and the Netherlands. " *Netherlands Journal of Housing and the Built Environment* 10 (3): 239–258.

Morrison, N. 2018. "Innovative Strategic Alliances and Inter-Organisational Hybridity: A Means to Scale up Affordable Housing Delivery in England. " In Conference of European Network for Housing Research, Uppsala.

Mukhija, V. 2004. "The Contradictions in Enabling Private Developers of Affordable Housing: A Cautionary Case from Ahmedabad, India." *Urban Studies* 41 (11): 2231-2244.

Murie, A. 1977. "The Social Rented Sector, Housing and the Welfare State in the UK." *Housing Studies* 12 (4): 437-461.

Murie, A. and Williams, P. 2015. "A Presumption in Favour of Home Ownership? Reconsidering Housing Tenure Strategies." *Housing Studies* 30 (5): 656-676.

Nolon, J. R. 1989. "Shattering the Myth of Municipal Impotence: The Authority of Local Government to Create Affordable Housing." 17 *Fordham Urb. L. J.* 383-418. Http://Digitalcommons. Pace. Edu/Law-faculty/194/.

Pawson, H. and Kintrea, K. 2002. "Part of the Problem or Part of the Solution? Social Housing Allocation Policies and Social Exclusion in Britain." *Journal of Social Policy* 31 (4): 643-668.

Pearce, J. and Vine, J. 2014. "Quantifying Residualisation: The Changing Nature of Social Housing in the UK." *Journal of Housing and the Built Environment* 29 (4): 657-675.

Ravetz, A. 2001. *Council Housing and Culture: The History of a Social Experiment*. London: Routledge.

Ravetz, A. 2003. *Council Housing and Culture: The History of a Social Experiment*. Routledge.

Rhodes, M. L. and Mullins, D. 2009. "Market Concepts, Coordination Mechanisms and New Actors in Social Housing." *European Journal of Housing Policy* 9 (2): 107-119.

Rolfe, S. , Garnham, L. , Anderson, I. et al. 2019. "Hybridity in the

Housing Sector: Examining Impacts on Social and Private Rented Sector Tenants in Scotland. " *Housing Studies* 35 (6): 1050-1072.

Sacranie, H. 2012. "Hybridity Enacted in a Large English Housing Association: A Tale of Strategy, Culture and Community Investment. " *Housing Studies* 27 (4): 533-552.

Schutjens, V. A. , Van Kempen, R. , and Van Weesep, J. 2002. "The Changing Tenant Profile of Dutch Social Rented Housing. " *Urban Studies* 29 (4): 643-664.

Shaw, V. N. 1997. "Urban Housing Reform in China. " *Habitat International* 21 (2): 199-212.

Stephens, M. 2017a. "Housing Regimes 20 Years After Kemeny. " Working Paper.

Stephens, M. 2017b. "Social Rented Housing in the (Dis) United Kingdom: Can Different Social Housing Regime Types Exist Within the Same Nation State?" *Urban Research and Practice* 12 (1): 38-60.

Stephens, M. , Elsinga, M. , and Knorr-Siedow, T. 2008. "The Privatisation of Social Housing: Three Different Pathways. " *Social Housing in Europe* II: 105.

Tong, Z. Y. and Hays, R. A. 1996. "The Transformation of the Urban Housing System in China. " *Urban Affairs Review* 31 (5): 625-658.

Torgersen, U. 1987. "Housing: The Wobbly Pillar under the Welfare State. " *Scandinavian Housing and Planning Research* 4 (sup1): 116-126.

Vale, L. J. and Freemark, Y. 2012. "From Public Housing to Public-Private Housing. " *Journal of the American Planning Association* 78 (4): 379-402.

Valenca, M. M. 2015. "Social Rental Housing in HK and the UK: Neo-liberal Policy Divergence or the Market in the Making?" *Habitat International* 49: 107–114.

Van Bortel, G., Gruis, V., Nieuwenhuijzen, J. et al. 2019. "Chapter 15: Innovations in Affordable Housing Governance and Finance-Cases Compared and Contrasted." In *Affordable Housing Governance and Finance-Innovations, Partnerships and Comparative Perspectives*. London: Routledge.

Wang, J. and Li, M. 2019. "Mobilising Welfare Machine: Questioning the Resurgent Socialist Concern in China's Public Rental Housing Scheme." *International Journal of Social Welfare* 28 (3): 318–332.

Wang, L. 2014. "Forging Growth by Governing the Market in Reform-Era Urban China." *Cities* 41: 187–193.

Wang, Y. P. 2000. "Housing Reform and Its Impacts on the Urban Poor in China." *Housing Studies* 15 (6): 845–864.

Wang, Y. P. and Murie, A. 1999. "Commercial Housing Development in Urban China." *Urban Studies* 36 (9): 1475–1494.

Wang, Y. P. and Murie, A. 2000. "Social and Spatial Implications of Housing Reform in China." *International Journal of Urban and Regional Research* 24 (2): 397–417.

Wang, Y. and Murie, A. 2011. "The New Affordable and Social Housing Provision System in China: Implications for Comparative Housing Studies." *International Journal of Housing Policy* 11 (3): 237–254.

Wu, F. 1996. "Changes in the Structure of Public Housing Provision in Urban China." *Urban Studies* 33 (9): 1601–1627.

Yan, J., Haffner, M., and Elsinga, M. 2018. "Chinese Social Housing

Governance: Three Levels of Government and the Creation of Hybrid Actors. " In Conference of European Network for Housing Research, Uppsala.

Yi, C. and Huang, Y. 2014. "Housing Consumption and Housing Inequality in Chinese Cities During the First Decade of the Twenty-First Century. " *Housing Studies* 29 (2): 291-311.

Zhou, J. and Ronald, R. 2017a. "Housing and Welfare Regimes: Examining the Changing Role of Public Housing in China. " *Housing, Theory and Society* 34 (3): 253-276.

Zhou, J. and Ronald, R. 2017b. "The Resurgence of Public Housing Provision in China: The Chongqing Programme. " *Housing Studies* 32 (4): 428-448.

Zhu, J. 2000. "The Changing Mode of Housing Provision in Transitional China. " *Urban Affairs Review* 35 (4): 502-519.

Zhu, J. M. 2004. "Local Developmental State and Order in China's Urban Development During Transition. " *International Journal of Urban and Regional Research* 28 (2): 424-447.

图书在版编目（CIP）数据

深圳市保障性住房供应研究：体系、模式和分配 /
邱君丽著 . --北京：社会科学文献出版社，2024.12.
（空间规划的合约分析丛书 / 李贵才，刘世定主编）.
ISBN 978-7-5228-4518-0

Ⅰ. F299.276.53

中国国家版本馆 CIP 数据核字第 20243YG808 号

空间规划的合约分析丛书
深圳市保障性住房供应研究：体系、模式和分配

丛书主编 / 李贵才　刘世定
著　　者 / 邱君丽

出 版 人 / 冀祥德
责任编辑 / 杨桂凤
文稿编辑 / 张真真
责任印制 / 王京美

出　　版 / 社会科学文献出版社·群学分社（010）59367002
　　　　　　地址：北京市北三环中路甲 29 号院华龙大厦　邮编：100029
　　　　　　网址：www.ssap.com.cn
发　　行 / 社会科学文献出版社（010）59367028
印　　装 / 唐山玺诚印务有限公司

规　　格 / 开　本：787mm×1092mm　1/16
　　　　　　印　张：11.75　字　数：149 千字
版　　次 / 2024 年 12 月第 1 版　2024 年 12 月第 1 次印刷
书　　号 / ISBN 978-7-5228-4518-0
定　　价 / 98.00 元

读者服务电话：4008918866